与謝蕪村　夜色楼台図（国宝、個人蔵）
〔出典:『文人画粋編』第13巻、中央公論社刊、1974年〕
本書序章を参照

中公新書 2495

長谷川 宏著

幸福とは何か

ソクラテスからアラン、ラッセルまで

中央公論新社刊

まえがき

「幸福な人生」「しあわせな境遇」――そんな言葉が何気なく口をついて出る。口にする人も聞く人も「幸福」や「しあわせ」がどういうものか、なんとなく分かった気でいる。あの世の幸福にまで思いが及んで、「冥福を祈る」などともいう。聞いて、なにを言っているのだと目くじらを立てる人はいない。

が、幸福とはなにか、どうしたら幸福になれるか、といった形で幸福を主題として目の前に引きすえたとなると、問題をどこからどう解きほぐしたらいいのか、はたと困惑する。幸福もしあわせも日常卑近のことばだが、その概念がけっして明確ではないことが分かってくる。

思想の水準においても、洋の東西を問わず、幸福が主題化され、その幅と奥行きが論理的に追求されることは少なかった。概念の不明確さが災《わざわ》いしたのであろう。幸福は日常生活の具体性と深くかかわるものでありながら、それを一般的な論題として設定しようとすると、うまく手の内におさまらない。概念の不明確さはそんな形で論者を悩ませたにちがいない。人間が人間としてこの世に生きていくことからすると、幸福の対極にあって深くかかわるものとして道徳ないし義務が浮かび上がってくるが、思想史の流れを見わたすと、哲学的主題としては幸福よりも道徳ないし義務が取り上げられるほうがはるかに多かった。道徳ないし義務は、幸福に比べれば概念の輪郭が明確に思いえがけるし、それとともに、上位の者が下位の者に教え諭すという哲学の一般的な構図に適合しやすいからだ。

さて、この本では、主題になりにくい幸福が西洋哲学史のなかでどう扱われたかを考察する。幸福論は西洋哲学史の主流をなさないのだから、考察は自ずと西洋思想を斜めから見る傾きが強くなるだろうし、主題になりにくさを論じるという点では裏読みに近くなるところも少なくないだろう。そんな形で思想の森に分け入りつつ、同時に、幸福といまのわたしたちの生活との結びつきに目に据えていきたい。過去の思想を問うことがいまを問うことであり、いまを問うことが過去の思想を問うことであるような、そういう視点に身を置いて論を進めたい。

思考の大きな枠組としては、共同体の秩序と個人の生きかたに裂け目が生じるとき、幸福への問いが本質的な意味をもってくると考えられる。裂け目が大きく生じ、裂け目が人びとに強く意識された典型的な時代として、ソクラテス、プラトン、アリストテレスの生きた古代ギリシャからストア派、エピクロス派の生まれた古代ローマにかけての時代、個人の生きかたに価値の置かれるようになった一八世紀、世界大戦の勃発した二〇世紀の三つの時期を取り上げる。三つの激動の時代に人びとは共同体と個人の間に生じた裂け目をどういうものとして意識し、どう克服しようとしたのか。そのなかで幸福はどのようなものとしてイメージされたのか。過去のそうした経験が、わたしたちの現在の生きかたとどう交差するのか。

——それを問うことがこの本のねらいである。

目次

幸福とは何か

序章　幸福への問い

「夜色楼台図」の情景

一枚の絵を見ることから始めたい。

江戸時代中期に、南画家として数々の優品を描《か》き残し、また、俳人として新しい句境を切り拓いた与謝蕪村《よさぶそん》の晩年の絵だ。絵に先立って蕪村自筆の漢字七文字の題字――「夜色楼《やしょくろう》台雪万家《だいせつばんか》」――が書かれ、その上四文字に「図」の一字を書き加えて「夜色楼台図」と一般に呼びならわされている絵だ（別に「雪夜万家図」という呼びかたもある／口絵参照）。縦28㎝、横129・5㎝の和紙に描かれ、絵は横に長く伸びていく。

洋の東西を問わず、しあわせの情景を画面に写しとった絵画は少なくないが、蕪村のこの絵はしあわせを画面に写したというだけでなく、いや、しあわせを写したという以上に、しあわせとはなにかを考えさせる絵だということができる。

描かれるのは雪の降りつもった冬の夜の町並だ。晩年の蕪村が住んだ、身近な京都の町並に材を取ったものでもあろうか。墨の濃淡を巧みに使いこなすとともに、塗り残した白と黒との対比が鮮やかな水墨画で、ところどころに施された代赭色《たいしゃいろ》の淡彩が、そこに住む人の動きを伝えて情景にぬくもりをあたえている。

横長の画面を大きくとらえると、上部に黒ずんだ空、中間部分は雪をかぶって白く連なる山々、そして、下方が白と灰色の入りまじる家並、といった構成になる。家並は横長の画面に左右に長く列《つら》なるように描かれるが、中央部分では奥行きがやや浅く、そこから右へと向かい、また左へと向かって伸びるにつれて奥行きが増していく。画面の右から左へと視線を動かしても、逆に左から右へと視線を動かしても、暮らしの厚みがいったん疎《まば》らになったところから再び厚みを増していくという流れをたどることができる。二次元の平面としてその流れを追うと、右端のやや高いところからゆったりと左下方へと下りてきた曲線が、ちょうど真中あたりで向きを変え、ゆったりと左上方へ向かうといった流れとなる。左端のやや高いところから右へと逆に流れを追っても、なだらかに流れる家並の印象は変わらない。

しあわせの感じは、なにより、このゆるやかな曲線の下に広がる家並のたたずまいからやってくる。雪の降りつもる冬に身を寄せ合うようにしてひっそりと並ぶ家々のすがたは、そういうところにこそ暮らしのしあわせが宿ると思わせるのだ。夜なべ仕事の続いている家もあろう。仕事を終えて団欒《だんらん》のひとときを過ごしている家もあろう。寝仕度を整えている家もあれば、もう寝静まった家もあるかもしれない。いずれにせよ、寄りそうようにして並ぶ屋根の下の暮らしは、いつに変わらぬ平穏な時がそこに流れていると想像され、そういう時の流れが人びとのしあわせの源だと感じられる。右に左に、手前に奥にと広がる家々のたたずまいは、あくまでも静かで平穏だ。どの屋根にも降りつもる白い雪が静かさと平穏さを守る自然の力として働き、人びとはそのもとでゆったりと安らいでいる。

なかに民家の屋根を越え出る楼台がぽつんぽつんと見え、窓に明かりがともる。そこに賑わいが感じられはするが、それが夜の静けさと平穏を破ることはない。賑わいのあることがかえって屋根の並ぶ民家の暮らしの穏やかさを印象づけるといえるほどだ。楼台の賑わいと華やかさを包みこんでこの町並には静かな平穏な時間が流れていると感じられる。

そして、町の人びとの穏やかな暮らしを守るかのように、町のむこうには雪をかぶった山が連なっている。太い稜線で隈取られた山は上半分が白く雪に覆《おお》われ、下半分は町並に溶けいるかのように灰色のぼかしが入るが、いつ見ても変わらぬそのすがたが、人びとの暮らしの安らぎのもととなっていることが思われる。何度も上ったり下りたりする山の稜線を、灰色の太い筆墨の線が途切れることのない一本の線をなして追っていくが、なだらかな線に示される安定感は、この山が画家の日々に見なれた身近な山であることを示している。そして、画家が山にたいして抱く親近感は、そのまま、この山のふもとの民家に住む人びとの親近感に通じているように思える。

が、町並と山に覆いかぶさる空は、なにやら怪しげな描かれかたをしている。平穏とはいえない。水墨のたらしこみでもって不定形の黒いかたまりがあちこちに出来、その上に雪の粒が浮いている。風雲急を告げるというほどではないが、この空にはなにかしら不気味な雰囲気が見てとれなくはない。少なくとも、静かで平穏な町並や山々と自然につながるといえるような空ではない。

そういう空だが、その空が山々に守られた人びとの暮らしを圧《お》しつぶしたり壊したりはしない。黒っぽい空とその下に広がる白っぽい地上の世界とは矛盾するかのごとき対照を示しながら、危うく均衡を保っている。そして、荒れ模様の雪空の下でも静かで平穏な暮らしが続くのが庶民の世界なのだと思えてくる。そこにしあわせな暮らしの土台があると思えてくる。雪をかぶった屋根の下の、静かな平穏な時の流れは、雪空の不気味さに耐えうるだけの厚みの具わったものだと思えてくる。

雪

三好達治「雪」の祈り

そう思えるとき、わたしの脳裡には三好達治の「雪」と題する二行詩が思い浮かぶ。

太郎を眠らせ、太郎の屋根に雪ふりつむ。
次郎を眠らせ、次郎の屋根に雪ふりつむ。（『三好達治詩集』新潮文庫、一九五一年、18ページ）

蕪村の「夜色楼台図」に描かれたどこかの屋根の下に太郎が、そこからほど遠からぬ屋根の下に次郎が、眠っていると考えることになんの違和感もない。太郎、次郎は昔話や民話にもよく出てくるありきたりの名前だが、同じような家々の立ち並ぶ静かで平穏な暮らしにあっては、そういうごく普通の子どもの寝るすがたを想像することはいかにも似つかわしい。太郎も次郎も安らかに眠っているにちがいない。そして、眠る太郎や次郎のまわりには、太郎や次郎の眠りを乱すことのないひっそりとした時間が流れているにちがいない。絵に表現された暮らしのなかに子どものすがたを思い描こうとすると、うまく居場所の見つからないことも珍しくないが、「夜色楼台図」の世界は、そこにごく自然に子どもの居場所が見出されるし、子どものすがたを想像することで暮らしに広がりとゆたかさが増すような世界なのだ。

三好達治の二行詩と蕪村の水墨図とはなにからなにまで調和するわけではなく、雪の表現についてみれば、二行詩の雪は音もなく天から降りてきてしんしんと屋根につもる雪のごとくで、蕪村の絵の黒まだらな空は視野になかったと思われる。けれども、そう考えた上で改めて絵と詩を目の前に置いてみると、二つの作品に共通するものとして、人びとの暮らしに思いを寄せる作者の祈りのような心情が浮かび上がる。蕪村も三好達治も人びとの暮らしがしあわせであることを願わないではいられなかった。

二行詩に祈り、もしくは願いがこめられていることは、読後にたんなる事実の叙述とは質のちがう余韻がただようことをもって、その有力な証左とすることができる。詩人が太郎や次郎のすがたを愛情深く思い浮かべ、その子たちに安らかな眠りが訪れますようにと願っていることは疑いようがなく、その温かい情は読者の気持ちにも潤《うるお》いをあたえる。

蕪村の絵からは、みずからの内にある人びとの暮らしの安らかなイメージを雪の夜の情景として画面に写しとろうと無心に筆を動かす老画家のすがたが思い浮かぶ。人びとの暮らす家々は、楼台がそれなりに建物の体裁《ていさい》を整えているのとちがって、屋根だけが左右前後に列《つら》なる形で描かれるが、画家の心には、屋根の下の建物の形が、そして、その建物のなかで営まれる暮らしのありさまが、身近なものとして思い浮かべられている。その暮らしのさまこそが蕪村の表現したかったものであり、左右前後に並ぶ屋根屋根の落ち着いたたたずまいは、人びとの暮らしの静けさと平穏さをさながらに映し出すものだったのだ。

列なる屋根屋根を描きすすむときも、背後の山々を灰色のぼかしや太い稜線で造形しているときも、黒まだらの面に雪の粒の浮かぶ空を描いているときも、名もない人びとの日々の暮らしのさまが蕪村の頭のどこかで思われていたろうが、家並と山々と空とが一体となった情景が一枚の絵として完成されたとき、暮らしの安らかさがそこに形を取ってあらわれていることに蕪村はほかでは味わえない満足感を得たにちがいない。

しあわせな気分の立ちのぼる絵は、絵を描き終えた画家にもしあわせを恵むものだったにちがいない。

静けさと平穏さ

わたしたちは蕪村の「夜色楼台図《やしょくろうだいず》」をしあわせの図像表現として見てきたのだが、以下、しあわせの理路を明らかにすべく、絵を手がかりにしあわせがどのような条件のもとになりたっているのかを考えてみたい。

これまでわたしたちは雪屋根の下の人びとの暮らしが静かで平穏なものであることを何度も確認した。絵から連想の糸が伸びた三好達治の二行詩にも、静かで平穏な時が流れていた。そこから論を広げて、静けさと平穏さはしあわせのもっとも基本的な条件ではないか、という方向にまずは考えを進めていきたく思う。

もともと日々の暮らしというものはそう騒がしいものでも賑やかなものでもない。ときに騒がしく賑やかになることはあるが、それは多少とも特別な時間、普通でない時間であって、日々の暮らしの多くは坦々と、変わりもなく過ぎていく。近代になって工業化と都市化が進み、さらには情報化が進むと、暮らしの幅と多様性が格段に大きくなり、人びとがみずから刺激を求めるようにもなって、騒がしさや賑やかさの占める部分が大きくなりつつあるが、とはいえ、暮らしの土台が坦々とした平凡な日常性にあることは動かない。

生活にゆとりができれば、人びとが刺激を求め、騒がしさや賑やかさを求めるのは社会の必然的な動きだといえるし、その必然に導かれて都市化はいよいよ進み、情報社会化、消費社会化に拍車がかかるけれども、都市化の進行、情報社会化、消費社会化の進展は坦々として平穏な暮らしのリズムを打ちこわしはしない。人びとは刺激と騒がしさと賑やかさが暮らしの全体を覆《おお》うことを求めはしない。人間の体はそんな刺激の強い状態や喧騒状態には生理的に耐えられない。刺激のあとには安息が、騒がしさや賑やかさのあとには静穏が必要だし、静穏が積極的に求められる。

実際、農業を中心とする前近代社会と工業化・商品経済化の進む近代社会を大きく対比するとき、安息や静穏を求める気持ちは近代社会に至ってかえって強まったと考えられる。周辺の農地を耕し、食料を自給自足する社会では、自然のリズムに合わせた安定したリズムが生活の基調をなし、自然災害や戦争その他の社会的事件によって乱される以外は暮らしの安定したリズムは無意識のうちに保たれていた。とすれば、安息や静穏をあえて求める必要はなく、それを求めるのは、安定したリズムの乱れが随所で実感される近代社会にふさわしい心事だと思える。

そして、しあわせという感覚ないし観念はその心事と切っても切れない関係にある。刺激に満ちた騒がしく賑やかな場面で、たとえば、観光旅行に出かけて見たこともない贅沢品や珍品の並ぶ商店街をぶらついているときなどに、しあわせだと思うことはなくもない。が、目にするものが変わるにつれて高まったり沈んだりする心の動きは、その波立ちの激しさゆえにしあわせの名で呼ぶより、喜びとか興奮とか感動の名で呼ぶのがふさわしい。商店街のぶらつきはまあ四、五時間が限度だろうが、しあわせということばは安定した心地よい気分が長く持続する状態をいうにふさわしいことばなのだ。蕪村の「夜色楼台図」に還っていえば、雪をかぶった家々の暮らしには雪の降り始めから静かな平穏な時が流れ、町の明かりがすべて消えたあとも同じ時が流れるだろうと感じられる。さらにいえば、この町にはそうした静けさと平穏さが長く保たれてきたし、今後も持続していくかに感じられて、そう感じられることがまっすぐしあわせの観念に通じているのだ。

前近代から近代へという時代の流れに引っかけていえば、この絵の描かれた江戸時代中期は近代のすがたがしだいにはっきりしてくる時期に当たっている。そして、描かれる場所は都市化への傾斜がはっきりと見てとれる家の立てこんだ町並。そういう時代のそういう場所だからこそ静けさと平穏さがいっそう愛惜の念をもってながめやられたとも考えられる。そして、人びとの時代的な感性に深く共鳴するところのあった蕪村だからこそ、静けさと平穏さを見事に形象化できたともいえるかもしれない。

身近さ

静けさと平穏さは身近さに通じている。静かで平穏な暮らしに宿るしあわせは身近なものとして感じられなければならない。

その点からすると、蕪村の描いた町の情景はいまのわたしたちにとってけっして近いものではない。楼台も民家もわたしたちの身近にあるものとはいえない。にもかかわらず、そこにある穏やかにしてしあわせな人びとの暮らしに思いが行くと、そのしあわせは手のとどかぬ遠くにあるものとは感じられない。なにかの拍子にわたしたちがその暮らしに入りこめると思うのはけっして不自然ではないし、そこに住む人びともわたしたちをさりげなく受け容《い》れてくれるように思える。あるいは、絵に見てとれるようなしあわせな暮らしが自分になじみのどこかに現になりたっているという考えも、自然に心に萌《きざ》してくる。しあわせが身近さに通じているというのはそういうことだ。しあわせだと感じることが人と人とを、暮らしと

暮らしとを近づけるのだ。だれかの暮らしがしあわせに感じられることはその暮らしを遠ざけるものではなく、人をそこへと引き寄せる力をもつ。近寄りがたいしあわせなどというものはない。

雪屋根の下の人びとの暮らしには、冬ながら温《ぬく》もりが感じられる。雪をかぶる山々も暮らしの温もりを大事に守るかのように、冷たくも厳しくもなく、町並にそっと寄りそっている。楼台の明るさも暮らしの温もりに見合うような、ほんのりとした明るさだ。そんな町のたたずまいを右から左へ、左から右へとゆっくり追っていると、暮らしの温もりが見るわたしたちにまで伝わってくるようだ。そんなところにもしあわせの身近さがあらわれているといえるかもしれない。

静かで、平穏で、身近なしあわせ、――そこには取り立てて目を引くものはない。なくていい。ないほうがいいとまでいう必要はないが、暮らしのゆったりとした時間の流れのなかで感じられるしあわせが、目立たない、さりげない、地味な場面にふさわしい身心のさまであるのは疑いを容れない。「夜色楼台図」に並外れた特別なもの、奇異・奇怪なものは描かれないし、三好達治の二行詩も屋根、雪、太郎、次郎、眠りといったありきたりの風物や人物を組み合わせて出来た世界だ。地味でさりげない情景のなかに人の暮らしの隠れた真相を浮かび上がらせたところに、作品としての格調と秀逸がある。

長田弘の「友人」

二〇一五年に亡くなった長田弘は、暮らしのさりげない場面に立ちあらわれるしあわせをとらえる、鋭敏にして繊細な感受性を具えた詩人だったが、その詩集『深呼吸の必要』に次のような詩がある。

友人

自転車に乗って、きみは夜の道をゆっくりと走る。明るい家々の角を曲がると、急な坂だ。息はずませて上る。ペダルを踏むごとに、前灯が激しく揺れて、あたたかな風が汗の匂いをサッと拭いとってゆく。坂を上りつめて、線路ぎわへの暗い抜け道に折れる。道のなかばまで古いおおきな樹木の影がかぶさって、木の下闇いっぱいに、雑草が勢いよくひろがっている。

自転車をとめ、きみは呼吸をやすめて、耳をすます。もしこんな暗いところで一人で何をしているのかと訊かれたら、何というのか。友人を待っているというのか。ガサッ、ガサゴソ。なつかしい微かな音がする。きみは微笑する。一ぴきの老いたおおきな蟇がよたよたと、樹木の影のなかへでてくる。やあと、きみはいう。きみの旧友の蟇は約束を違えなかった。われらの星は太陽のまわりを一めぐりし、今年もいい季節がやってきたのだ。

(『深呼吸の必要』晶文社、一九八四年、84—85ページ)

一九行の詩が完成形を取るまでには表現上の苦闘があり、ことばの削除、追加、修正がなされただろうが、出来上がった詩は、その素材といい、情景といい、意味のつながりといい、日々の暮らしに根を下ろした堅実な、地味な散文詩となっている。友人とは蟇《がま》のことだといいうのにはちょっと意表を突かれるが、ユーモラスなその修辞は詩のリズムを乱すものではなく、かすかな笑いとともに受け容《い》れられる。

夜の道を一人で自転車をこぐ情景も、自転車を降りて暗い林で蟇をさがし、老いた大きな蟇に出会う情景も、静かで平穏な暮らしの一齣《ひとこま》であるのはいうまでもない。詩のなかでは、自転車に乗って友人の蟇に会いにいく人物は「きみ」の名で呼ばれているが、夜の道の行程や蟇との出会いの場面が、経験した者でなければ表現できないような細《こま》やかさと親しさを備えていることからしても、「きみ」は作者の影を背負った人物と考えてあやまらない。「きみ」にとって――ということは、作者にとって――自転車をこいで蟇に会いにいくというさりげない日常の一齣が、一篇の詩に表現するだけの価値をもつ貴重な経験だった。

詩人は、過去のさりげない経験をことばにすることによって、場面を自分のうちに取りもどそうとしている。場面のもつしあわせを内面化しようとしている。放っておけばやがて消えてしまうかもしれぬさりげない場面であるだけに、かえってことばにしたかったということもあろうし、ことばに掬《すく》いとられることで場面が輝きを増すことに喜びを感じるということもあったかもしれない。三好達治の二行詩の場合もそうだが、さりげない情景がほんのりと脳裡に浮かび、それに導かれるようにしてことばを紡ぎ出し、紡いだことばを磨き上げて一篇の詩に仕立てる試みは、さりげないしあわせとのつき合いという点で、ほかでは得られそうもない充実感のともなう営みだったにちがいない。

その営みのなかで詩人は夜の道や、自転車のペダルを踏む感触や、木の下闇や、蟇ののろまな足の運びを改めて近しいものに感じ、時を隔ててさりげないしあわせの気分を幾分か心に蘇《よみがえ》らせることができたはずだし、読者は読者で、ことばの流れを追うなかで、詩人のしあわせがなにほどかは自分のしあわせでもあると感じるのである。

詩「友人」の中心が詩人と蟇の出会いにあるのは明らかだが、その場面が構想されたとき、詩人と蟇はすでに親しい間柄であって、だから「友人」と呼ばれ「旧友」と呼ばれるのはごく自然なことだった。そして、出会いを核とする過去の一情景が一篇の詩としてなりたったとき、詩人と蟇とのあいだのしあわせな親しさが夜の道や、坂を上る自転車や、樹木の影をもしあわせな親しい風物として浮かび上がらせる。

そうした詩作の営みには、当然のこと、読者をもしあわせな親しい世界に誘おうとする力が働く。そもそも詩を書くという行為が読んでくれる人とのあいだに一つの世界を共有したいという思いをふくむものといえるが、この詩のように、当の詩人がおのれの描くさりげない世界に心の安らぐ親近感を抱くような場合、その世界が読者にとっても親しい世界であってほしい、という思いには切なるものがあろう。

一人から一人への伝言

「友人」を収録した詩集『深呼吸の必要』の「後記」に以下の一節がある。


本は伝言板。言葉は一人から一人への伝言。

伝言板のうえの言葉は、一人から一人へ宛てられているが、いつでも誰でもの目にふれている。いつでも風に吹かれているが、必要なだけの短さで誌された、一人から一人への密かな言葉だ。伝言が親しくとどけば、うれしいのだが。　（同右、123ページ）

『深呼吸の必要』は、粒ぞろいの散文詩の並ぶ、長田弘の詩集のなかでも高い位置を占める秀作詩集だが、右の文言からは詩人自身が詩の出来に手応えを感じているさまが読みとれるように思う。

そのなかで、「一人から一人への密かな言葉」が「親しくとどけば、うれしい」と詩人はいう。詩の幸福感が「後記」にまで匂い出たかのようなもの言いだ。さりげないしあわせは内密なことばとして一人から一人へとさりげなく伝わり、親しいものとして受けとめられるのがふさわしい、と詩人は考えたのであろう。詩の世界を媒介にして作り手と読み手の距離が多少とも近くなることが期待できる。しあわせを表現しえた詩の、徳ともいうべきものがそこにはあるといえるかもしれない。

詩が詩集の形を取って世に出る場合、一般的にいって、一人のことばが一人へと伝わることがめざされているとはいえない。印刷されて公刊されることは一人の同じことばが多くの人の目に触れることを求める行為であって、詩人がそのことを知らないわけではない。知った上であえて「一人から一人へ」というのは、一対多の伝達に飽き足らぬものを感じ、それを超えたもっと細《こま》やかなことばの行き交《か》いを求めるからだ。詩のことばだから、――とりわけ、さりげないしあわせを表現した詩のことばだから、――そういう思いが強くわき起こったと考えられる。詩のことばのうちにさりげないしあわせを感じとるには、ことばの意味を頭で理解するところから一歩も二歩も進んで、自分の全身でもってことばを生きる方向へと向かわねばならないのだから。詩の作り手の側としては、詩のことばが読んだ一人ひとりの体のどこかに入りこんで息づくのを願わずにはいられないはずなのだから。

長田弘の詩が朗誦するのにふさわしい言語表現だと思えるのも、右のことと無関係ではない。

詩はもともとことばの音を大切にし、表現される意味やイメージとことばの音との響き合いに耳を傾けるものだったから、読むほうとしてもことばの音に心引かれ、いっそのこと音読したほうがことばの流れが自然にたどれると思えることが少なくない。が、『深呼吸の必要』の場合、そういう一般論をいうだけでは不十分で、さりげないしあわせといったほのかな心情のゆれを丁寧に追っていく抒情詩だけに、声に出して詠《よ》み、心情のゆれが音の流れと交錯するさまを楽しむのがふさわしい試みに感じられるのだ。詩のことばを「一人から一人への伝言」だと詩人はいうが、そのことばを声に出して詠むことで、一人の詩人の発したことばを「一人の」読み手として受けとめる方向に多少なりとも近づくように思える。声となった音は、声を出す当人にとって、書かれたことばの音であるとともに、ほかならぬ自分自身のことばとして聞こえてくるのだから。

自分自身の声には、当然のこと、自分の経験が組みこまれ、自分の思いが盛りこまれる。そのように個人の主観に染められた声ではあるが、詩のことばに寄りそいつつ詩の世界に入りこもうとする意欲があるかぎり、主観が一人歩きすることはない。朗誦という行為のうちで、詩の書き手と読み手はそれぞれに一人であることが意識されつつ、ことばを媒介にしてたがいの経験と心情が大きく、あるいは小さく重なり合うことが感じられる。書き手によってことばの世界に掬《すく》いとられたしあわせが、読み手の側のそのような言語行為によって、もう一人の人間の心に受け容《い》れられた共有世界となる。そのさりげない広がりかたがさりげないしあわせにふさわしい。

佐野洋子『一〇〇万回生きたねこ』の物語

しあわせの基本形が静けさ、平穏さ、身近さ、さりげなさにあることを一幅の絵と二篇の詩を例に見てきた。三つながら限られた一情景のなかにしあわせを見てとり、それを絵に、あるいはことばに表現したものだったが、一情景という枠を超えて生涯の物語のうちにしあわせをうかがおうとしたものとして佐野洋子作・絵の絵本『一〇〇万回生きたねこ』を取り上げたい。

子ども向けの絵本としては、遠慮会釈のない、気迫のこもった書き出しである。

一〇〇万年も　しなない　ねこが　いました。
一〇〇万回も　しんで、一〇〇万回も　生きたのです。
りっぱな　とらねこでした。
一〇〇万人の　人が、そのねこを　かわいがり、一〇〇万人の　人が、そのねこが　しんだとき　なきました。
ねこは、一回も　なきませんでした。

ある　とき、　ねこは　王さまの　ねこでした。　ねこは、　王さまなんか　きらいでした。
（『一〇〇万回生きたねこ』講談社、一九七七年、2―4ページ）

ねこに嫌われながらもねこを愛した王さまは、猫を立派な籠《かご》に入れて戦場を連れ歩くが、ある日ねこは矢に当たって死に、王さまは泣く泣くねこを城の庭に埋める。

あるときねこは船乗りのねこだったが、海が嫌いだった。ねこを愛した船乗りは世界中の海と港にねこを連れていくが、ある日、ねこは船から落ちて死ぬ。船乗りは遠い港町の公園の木の下にねこを埋める。

またあるとき、ねこはサーカスの手品使いのねこだった。手品使いはねこを鋸《のこぎり》で切ったと見せてまるのまま取り出す手品が得意だったが、ある日まちがえて本当にねこを切って殺してしまい、泣く泣くサーカス小屋の裏に埋める。

さらにあるときは泥棒のねこ、次におばあさんのねこ、最後に小さな女の子のねこになるが、ねこは相変わらずどの飼い主も好きになれぬまま、いつか死に、埋葬される。

ねこは　しぬのなんか　へいきだったのです。（同右、14ページ）

そのあと、ねこはだれのねこでもなく、自分のねこになる。立派なとらねこだったので、立派な野良ねこになる。まわり中の雌ねこがおよめさんになりたがって寄ってくるが、相手にしない。

雌ねこのなかに一匹だけねこに見向きもしない白い、美しいねこがいる。ねこは「おれは、一〇〇万回も　しんだんだぜ！」といいながらそのねこに近づく。白いねこは超然としている。

するうち、ねこの思いが白いねこに通じて、二匹はいっしょになり、たくさんの子ねこが生まれる。立派なとらねこと美しい白ねこが野原の真中に寝そべり、まわりに百合、薊《あざみ》、蒲《がま》が生え、蝶が舞い、六匹の子ねこの遊ぶ絵が描かれ、「ねこは、白い　ねこと　たくさんの子ねこを、自分よりも　すきなくらいでした」という文が置かれる。

ページをめくると、子ねこたちはいなくなって、とらねこと白いねこだけが都市近郊の農家の石垣の外に手足を投げ出して横になっている。

白い　ねこは、すこし　おばあさんに　なって　いました。ねこは、いっそう　やさしく、グルグルと　のどを　ならしました。

ねこは、白い　ねこと　いっしょに、いつまでも　生きていたいと　思いました。（同右、26ページ）

人もそうだが、ねこもいつまでもいっしょに生きることはできない。次に来るのは、眠るように死んだ白いねこを膝《ひざ》にかかえて大口を開け、大粒の涙を垂《た》らして泣くねこの絵だ。この絵には、以下の文章が添えられる。全文を引用する。

ある　日、白い　ねこは、ねこの　となりで、しずかに　うごかなく　なって　いました。
ねこは、はじめて　なきました。夜に　なって、朝に　なって、また　夜に　なって、朝に　なって、ねこは　一〇〇万回も　なきました。
朝に　なって、夜に　なって、ある　日の　お昼に、ねこは　なきやみました。
ねこは、白い　ねこの　となりで、しずかに　うごかなく　なりました。（同右、28ページ）

最終の一行が語るもの

号泣するねこの声が聞こえてきそうな絵のあとに来る最終ページには、手前に犬蓼《いぬたで》や狗尾草《えのころぐさ》の生える、ねこのいない郊外の広い野原が描かれ、文は次の一行だけが置かれる。

ねこは もう、けっして 生きかえりませんでした。(同右、30ページ)

ねこの泣き声が画面いっぱいに響きわたる絵から、ひっそりと静まった秋の野の風景への転換が鮮やかだが、その絵と最終の一行が見事に照応している。ねこの有為転変《ういてんぺん》の生涯が、最後の絵と一文によってぴたっとおさまる。それがいかにもしあわせなおさまりかただと感じられて、読者は心残りなく本を閉じることができる。

死んで野の自然へと還っていくという静かな終着点から振り返ると、ねこの生涯は華やかな、賑やかなものだったといえる。体格が堂々としていて毛並の立派なねこは、王様にも、船乗りにも、手品使いにも、泥棒にも、老婆にも、女の子にもかわいがられ、次々と新しい経験を重ねている。しかし、ねこはどんな境遇も好きにはなれない。なじめない。なじめないから、死んでは生き返る。

飼い主のいない自分のねこになったとき、なじめぬ境遇からは解放されるが、まわりの雌ねこたちからちやほやされるのは意に染まない。白いねこのそばにいられるようになって、ようやく自分らしい生活が見えてくる。生きることが意味のあることに思えてくる。が、いっしょに暮らす二匹の生活は、取り立てていうべき出来事をもたない。子ねこがたくさん生まれたことはいわれるが、ねこの身にとってはそれは出来事というより生理の必然というに近かろう。生まれた子ねこたちはやがて二匹のもとを去っていく。自然の必然のごとくに。

ごく自然に子ねこたちが生まれ、少しずつ成長してやがて親元を離れていく。親ねこ二匹は子ねこたちの成長とともに年を取り、子ねこたちが去ったあとも年を重ね、しだいに老いて死んでいく。まさしく日常の時間がゆったりと流れるだけで、作者はそこに特別の出来事をなに一つ書きくわえない。

書きそえられるのは、いつに変わらぬ平々凡々たる日々をねこが淡々と受け容《い》れているさまだ。すでに引用した文章中にもねこの落ち着いた心境を示す文言《もんごん》はあったが、大きくなった子ねこたちが出ていったあとの次の一節などもそうだ。

「あいつらも　りっぱな　のらねこに　なったなあ。」
と、ねこは　まんぞくして　いいました。

「ええ。」
と、白いねこは　いいました。そして、グルグルと、やさしく　のどを　ならしました。
（同右、26ページ）

坦々と進む日々を切り裂く唯一の変化が、白いねこの死を悼むねこの号泣の場面だ。白ねこを抱き、大口を開けて泣くとらねこの絵も強烈だが、「夜に　なって、朝に　なって、また夜に　なって、朝に　なって、ねこは　一〇〇万回も　なきました」という文も強烈だ。が、悲しみの強烈な発現は不自然ではない。それまで泣くことのなかったねこが腹の底から一〇〇万回も泣きに泣くというのは、白いねこへの愛情の深さと、白いねことの共同生活の充実ぶりをものがたって余りある。一〇〇万回も生きて死に、死んで生き返ったねこは、白いねことの充実した日々を生きることによって、本当に生きたといえる時間をもつことができたのだ。

悲しみの激発のあとに、ねこは死に、静寂が訪れる。この流れも自然だ。どんなに充実した生にとっても死は避けがたいものであり、死はどうにかして静かに受け容れるほかないものだからだ。号泣のあと、その死を悼んだ相手のとなりで「しずかに　うごかなく　なりました」というのは、なんと見事な静寂の訪れかたかと思う。静かで、平穏で、さりげないしあわせな日々に、この上ない終止符が打たれたといえる。

「ねこは　もう、けっして　生きかえりませんでした」という最終の一行は、しあわせな生涯のしあわせな完結を語っている。

第一章　古代ギリシャ・ローマの幸福観——共同体と個人の分裂

賢者ソロンの答え

古代ギリシャ・ローマでのしあわせのありかたを考えようとするとき、まず思い浮かぶのは、リュディアのクロイソス王の質問にたいする賢者ソロン（BC六四〇頃—五六〇頃）の答えだ。ヘロドトス『歴史』の開巻早々に出てくる記述によると、知識を求めて世界を渡り歩いたそなたの出会った、もっともしあわせな人はだれか、という王の問いに、ソロンはアテネのテッロスがそうだと答える。自分こそがもっともしあわせな人間だと自負する王は、驚いて、テッロスなる男はどうしあわせなのかと問う。ソロンは答える。

テッロスは先ず第一に、繁栄した国に生れてすぐれた良い子供に恵まれ、その子らにまた皆子供が生れ、それが一人も欠けずにおりました。さらに我国の標準からすれば生活も裕福でございましたが、その死際《しにぎわ》がまた実に見事なものでございました。すなわちアテナイが隣国とエレウシスで戦いました折、テッロスは味方の救援に赴き、敵を敗走せしめた後、見事な戦死を遂げたのでございます。アテナイは国費をもって彼をその戦歿の地に埋葬し、大いにその名誉を顕彰したのでございます。（筑摩・世界古典文学全集 第10巻『ヘロドトス』松平千秋訳、一九六七年、13ページ）

繁栄した国に生まれ、すぐれた良い子にめぐまれ、生活も裕福だった、というのはしあわせの部類に属することではある。が、それをもってもっともしあわせな人だったといえるかどうか。人並以上のしあわせというには、古代ギリシャでは見事な死という条件がつけ加わらねばならなかったようだ。ソロンもそう考えていて、のちに、「できるだけ事欠くものが少なくて過すことができ、その上結構な死に方のできた人」が幸福の人だ、という定義めいた文言《もんごん》も出てくる。

権力と栄光を手にしたクロイソス王が、自分こそは世の中でもっとも幸福な人間だと誇らしげに思うのは、分からないではない。政治権力や社会的栄達としあわせとを結びつけるのは、いかにも俗っぽい幸福観だが、そうした幸福観が洋の東西を問わず、それなりに社会に根を張っていることは否定できない。権力者自身が幸福だと自認するだけでなく、まわりの人びとがその境遇をうらやましく思う事実が、俗っぽい幸福観の社会的な広がりを端的に示している。

賢者ソロンは俗っぽい幸福観を正面切って否定はしない。むしろ、権力や栄光の持続性のなさを問題とする。いまある幸福——権力と栄光——の質を問題とするのではなく、一人の人間の一生をながめわたした上でその人の幸不幸を判定すべきだ、と、視野を大きく取って考えることを提案する。権力や富や地位や名誉をただちに幸福と結びつけるのではなく、一人の人間の一生を長い目でとらえ、その上でその人の幸不幸を考えるべきだと主張する。

クロイソス王とソロンの対立は、支配・被支配を軸とする権力世界に生きる人間と、現実を論理的、客観的にとらえようとする知的人間との、幸不幸にたいする向き合いかたのちがいに発するものと見ることができる。一方を俗っぽい幸福観、他方を知的な幸福観と名づけるとすれば、それぞれのものの見かたは現在においても一定程度、人びとに受け容《い》れられていると考えられる。ただ、しあわせを広く人間の生きかたとかかわらせて考えようとすれば、ソロンの知的な幸福観のほうが人間を統一的な人格としてとらえる傾きが強いだけに、思考の駆動力は大きいといえる。実際、古代ギリシャ・ローマの哲学はソロンの考えを引き継ぐ形で人の幸不幸を考えることが多かった。そのかぎりで、古代ギリシャ・ローマの哲学は人格的で知的な哲学だった。

1　ソクラテスの生きかた

テッロスの名誉の戦死をソロンは「見事な」死と形容し、その最期をテッロスのしあわせの重要な条件だとした。

（二〇世紀から二一世紀にかけていくつもの理不尽で、苛酷で、陰惨な戦争の実態を目にし耳にしたわたしたちは、「見事な戦死」といったことばを素直に受けとることは到底できないが、いまはそこに深入りはしない。）

見事な戦死だとされるのは、「味方の救援に赴き、敵を敗走せしめた」からだ。その軍功は人びとの広く認めるところで、だからこそ、「アテナイは国費をもって彼をその戦歿の地に埋葬し、大いにその名誉を顕彰した」のだった。テッロス個人の、共同体アテネのための行動は、共同体アテネの人びとによって見事な行動としてきちんと受けとめられ、その名誉が顕彰されたのだった。個人と共同体とのあいだにそのように心が通い合い、個人の死がそのまま共同の死でもあるところにテッロスのしあわせがあった。

とはいえ、戦いのなかで死んでいくテッロスがその死をしあわせな死と実感していたかどうかとなると、そこは疑問なしとしない。戦いのなかでは味方を救い、敵を倒すことこそがめざすべきところであり、死のありさまに思いが行かないほうがかえってその場にふさわしいとも思えるからだ。トロイア戦争を描くホメロスの叙事詩『イリアス』に徴しても、戦いの英雄たちはトロイア方の総帥《そうすい》ヘクトルを初めとして、死をものともせず獅子奮迅《ししふんじん》の活躍をし、壮烈な死を遂げることが少なくない。個と共同体が太い絆《きずな》で結ばれた古代にあって、総勢が全力を傾けて敵の打倒、味方の勝利に向かって邁進《まいしん》する戦場に身を置いたとなれば、英雄たるもの、めまぐるしく変化する戦況の推移にこそ神経が集中し、おのれの死を意識する余裕などなかったとも考えられる。とすれば、テッロスの「見事な戦死」は、まわりの人の死の受けとめかたが称賛のことばとなってあらわれたという面

ソクラテス

が大きかったということになろう。

死刑執行の日

比べていうと、プラトンの対話篇『パイドン』に語られるソクラテス（BC四七〇―三九九）の死は、死に向かう当のソクラテスの意識のありようが色濃く反映した記述となっている。

周知のように、ソクラテスは論敵の告発によって裁判にかけられ、死刑の判決を受ける。告発の内容は二つあって、一つは国家の信じる神々を信じなかったこと、もう一つは青年たちを腐敗・堕落させたことである。裁判でソクラテスは無実を主張するが容《い》れられず、賛成

多数で死刑が確定する。いよいよ死刑執行の日、多くの弟子や友人に囲まれて最後の一日を過ごす、そのソクラテスの様子を弟子パイドンに語らせるというのが対話篇『パイドン』である。

じつは、私はその場にいあわせて、まったく不思議な感情を味わったのです。というのは、一方において、親しい人が自分のそばで死んで行くのをみておいたわしいと思う、そういう気持はすこしも私に起りませんでした。それほどあのかたは、〔中略〕その態度にも言葉にも、幸福そうな様子がありありとあらわれていたのです。ほんとうに、なんと自若として気高く、あのかたは死んで行かれたことでしょう。私は思いました、この人なら、ハデスの国〔冥界〕におもむくにあたっても、必ずや神の御加護なしにはいないだろうし、またあの世に着いてからのちも、いやしくもそこでしあわせにすごす人が誰かいるとすれば、このかたこそはそういう人にちがいないだろうと。じっさいこのようなわけで、悲しみの場にのぞんで当然感じてよさそうな、おいたわしいという気持は、ほとんど私に起らなかったのですが、そうかといってまた、私たちがいつものように哲学にいそしんでいるのだと思って――事実、そのときの談論はそういう性格のものでした――そのたのしさにひたりきるということも、できませんでした。いいえ、私をとらえつづけていたのは、まったく何か奇妙な感情だったのです。たのしさはたしかにあるものの、あのかたがまもなくお亡くなりになろうとしていることにふと心が向くと、そこに悲しみが入りまじって、かつて味わったことのない錯綜《さくそう》した気持になってしまうのでした。そして、その場にいあわせた者のすべては、ほとんど私と同じような心の状態にあったといってよいでしょう。私たちは、いま笑いさざめいていたかと思うと、次にはもう涙をながすといったありさまでした。（筑摩・世界古典文学全集 第14巻『プラトンⅠ』藤沢令夫訳、一九六四年、52―53ページ）

ソクラテスのしあわせそうな様子に乗せられて哲学的議論を楽しむ気持ちと、まもなく訪れるソクラテスの死を悲しむ気持ちとの交錯が的確に表現されて、書き手プラトンのすぐれた文学的力量が如実にうかがわれる場面だ。末尾近くの一文に、「その場にいあわせた者のすべては、ほとんど私と同じような心の状態にあった」といわれていることからしても、パイドンの死の受けとめかたはソクラテスの死に向き合った人びとに共通する意識のありようを示していると考えられる。

近しい人びとの、楽しさと悲しみの混じり合う共同の意識に囲まれて、しかし、自分の死に向き合うソクラテスの意識は、それと自然に協和するものではない。

なにより大きなちがいは死を怖《おそ》れ、悲しむ気持ちがソクラテスにないことだ。引用文には「その態度にも言葉にも、幸福そうな様子がありありとあらわれていた」とあるが、魂と肉体のありかたについて長々と議論のなされる『パイドン』の全体をながめわたしてみても、ソクラテスが死を怖れたり悲しんだりするすがたはまったくあらわれない。どころか、死によって魂が肉体を離れ自由に純粋に活動できることをよしとし、進んで死を迎えようとしているし、毒盃を飲み干したときまわりの者が死の悲しみに耐えかねて涙にむせぶのを見て、「ひとは静粛のうちに生を終えねばならない」とたしなめてもいるのだ。

哲学者としてのふるまい

どうしてそんなふうに毅然とした態度で死に向き合うことができたのか。そう問うとき、一、自分一身の利害・損得、快不快、幸不幸を離れて、社会的な正不正、普遍的な真・善・美の追求に力を傾けたその生涯、そして、二、肉体は滅びるが魂は不滅であって、その魂にこそ人間の本質が宿るとするその霊魂観、さらには、三、ものごとに動じることなくおのれの信念をつらぬくその剛毅な性格、などが理由として思い浮かぶが、死への態度も、その態度を可能にした生涯、霊魂観、性格も、同時代の人びとに容易に共有されるようなものではなく、ソクラテス独自のものだったといわねばならない。

おのれの独自な態度や行動や信条や思想が同時代の人びとにどの程度に受け容れられ、どこまで理解されるとソクラテスが考えていたかは、正直いって判然としない。ただはっきりしているのは、かりに受け容れにくく、理解しにくいものであっても、ソクラテスがそれを理由にみずからの思想や行動や性格に覆《おお》いをかけようとする気などまったくなく、逆に、どんな場に身を置こうと自分は自分であろうとし、自分の思いを可能なかぎり明晰なことばで表現しようとしたことだ。「哲学者」というギリシャ語の原義は「知を愛する者」の意だが、行動においても思想においても自分をつらぬき、自分に誠実であろうとすることは、ソクラテスにとって、「知を愛する者」の責務だった。

そうした思考様式ないし行動様式の見やすい例が、死刑裁判におけるソクラテスのふるまいだった。裁判での弁論の焦点が被告の有罪か無罪かにあり、告訴人はもちろん、裁判官や傍聴者たちもそこに焦点を合わせて弁論を組み立て、議論の推移を見まもっているなかで、判決が直接身に及ぶソクラテスだけは、有罪か無罪かを超えて、告訴の内容——国家の信じる神々を信じなかったこと、および、青年たちを腐敗・堕落させたこと——をめぐる自分の行動と思想を冷静に客観的に自省し、明晰なことばで表現しようとしている。ソクラテスに悪意を抱き、裁判という公の場でその思想を弾劾しようとする告訴人およびその同調者が一方にあり、他方に、ソクラテスの思想と行動を容認し評価し、告訴を理に合わぬものと考える人びとがいる、という対立構図のなかにあって、当のソクラテスは、判決の帰趨《きすう》よりも、思想と行動の真実を明らかにすることに知力を注いだのだった。

いうまでもないが、ソクラテスの明らかにする真実は、告訴の二項目を事実無根として斥《しりぞ》けるものだった。だから、真実を明らかにする知的な試みは、みずからの無罪を証明するという弁明でもあった。

が、弁明は裁判という枠のなかでは功を奏さず、ソクラテスには死刑の判決が下った。ソクラテスの明らかにした真実は都市国家アテネの共同体には受け容れられなかった。

共同体の意思との対立

ソクラテス個人の考えと共同体の意思——死刑判決——が真向《まっこう》から対立するさまは目に鮮やかで、死刑執行は歴史に名をとどめるほどの大事件ともなったのだが、ソクラテス個人の主張や生きかたが共同体の民意や通念と齟齬《そご》を来《きた》すことはもっと以前からよく見られたことだった。クセノフォンの『ソクラテスの思い出』には、ソクラテスの正義と共同体の共同意識がぶつかった場面がいくつか回想されている。

正義に関していかなる意見を持っていたかということも、彼は隠すことなく、実行によってこれを示したのである。すなわち私生活においては、すべての人に対して、世の掟にかない、かつその人々の益となるように振舞い、公生涯においては、国法に定めるすべてのことについて、市民生活にあってもまた軍隊においても、上に立つ者に服従し、秩序ある人間として実に万人に立ちまさっていた。そして国民会議の議長となったときも、民衆に国法を無視した票決を許さず、囂々《ごうごう》たる国民の攻撃の矢面に立って国法を守って反対したのであるが、思うにかような業《わざ》は彼以外のなんびともよくせざるところであったであろう。そして三十執政が何か国法に悖《もと》った命令を彼に下したときも、彼はこれを聴《き》かなかった。すなわち青年たちと話をするなと彼らが禁令するときは、これを無視し、そしてまた彼および他の幾たりかの市民に、ある人物をとらえて死刑にすることを命じたときは、彼のみひとり、この命令が法に背くとの理由でもって、その命にしたがわなかったのである。メレートスに告発されて裁判を受けたときも、たいていの被告が法廷においてなんとか裁判員の好意を求める方法に出で、巧言を用いておもねり、法にそむいた哀訴歎願をして、しばしばこれによって多くの者が無罪の判決を受けたのであるが、ソークラテースはこの国法にそむく法廷の慣習を行なうことを好まず、もし彼がごく軽微な程度にでもこの方法に出でることを承知したなら、無罪の宣告を得ることは容易であったろうのに、彼は法にそむいて生き伸びるよりも、むしろ国法を遵守《じゅんしゅ》しつつ死ぬことを選んだのである。(『ソ

ークラテースの思い出』佐々木理訳、岩波文庫、一九七四年、202－203ページ)

古代ギリシャの数ある都市国家のなかでも、とりわけ民主思想が人びとのあいだに行きわたり、民意を汲んだ社会秩序がなりたっていたとされるアテネだが、右の引用文に見るかぎり、その秩序にもゆるみが生じ、あちこちに綻《ほころ》びが見られるようになったもののごとくだ。プラトンの対話篇やクセノフォンの『ソクラテスの思い出』に書き記された、ソクラテスの問答や法廷その他での言動は、そうした共同体秩序の弛緩《しかん》を踏まえて、それをどう立て直していくかという問題意識につらぬかれていた。アテネの広場（アゴラ）や町中でだれかれなしに問答を仕掛けるソクラテスは、一般市民から、牛の鼻先をブンブン飛びまわる虻《あぶ》のごとき厄介者と見られもしたが、そうやって人びとの常識や通念にゆさぶりをかけるのは、秩序を立て直そうとする熱意のあらわれという面が小さくなかった。

国法遵守の主張

さきの引用文には「国法」ということばがなんどか出てくる。国法が軽視される風潮に抗《あらが》ってソクラテスが国法の遵守《じゅんしゅ》を主張したと述べられる。共同体秩序のゆるみが国法の軽視という形を取ってあらわれるとき、ソクラテスは国法の遵守をもっておのれの公的活動の規範としたということだ。

国法の軽視は、法の規制を超えたその場での人びとの熱狂や感情が事を決する力となることを意味した。あるいは、人びとの欲望や快楽の発言権が増大することを意味した。社会がそういう方向へと傾くとき、もともと普遍性をめざす、理性的にして客観的な知の活動までが、人びとの利害や欲望や恣意とからみ合う歪《ゆが》んだ醜い知となり活動となる。ソクラテスの敵手たるソフィストの知性は、実際、そういう歪みや醜さをもって世上にあらわれていた。となれば、歪んだ醜いソフィスト的な知性と、おのれの求める真なる知性とを峻別することは、ソクラテスにとって、片時もゆるがせにできぬ思考の原理だった。

できるだけ思考それ自体だけを用いてそれぞれの対象に迫り、目に見える何かを思考のはたらきの中にもちこむことも、その他何らかの感覚をひきずりこんで思惟といっしょにすることも拒否するような人、——純粋な思考をそれ自体だけで用いながら、ひとつひとつの実在を、その純粋な姿のままにそれ自体として追求しようとつとめ、目からも、耳からも、さらにいうなれば全肉体からも、これらと共にあれば魂を攪乱《かくらん》され、真実と知慧の獲得はかなえられぬと考えて、できるかぎりはなれる人——〔中略〕もしいやしくも真実在をさぐりあてるような人がいるとすれば、このような人こそがそれではないだろうか。

（筑摩・世界古典文学全集　第14巻『プラトンⅠ』藤沢令夫訳、一九六四年、60ページ）

知が利害や欲望や感情に引きずられるのは、純なる魂の活動たるべき知の働きが魂の反対物たる肉体から解放されていないからだ。そのように、ソクラテスは、純粋な、真正な知と不純な知とのちがいを、魂と肉体に関係づけてとらえる。こうしたとらえかたは、キリスト教の霊魂観と結びついてやがて西洋思想に大きな支配力を及ぼすことになるのだが、その考えに従えば、真の哲学的な知は肉体を媒介とする感覚や感情からあたうかぎり離れたものでなければならなかった。同じ『パイドン』から重ねて引用する。

哲学は、肉眼による考察も、耳その他の感覚による考察も、みんな偽りにみちたものであることを魂に示し、どうしても必要なかぎりをのぞいては、そうした感覚から身を引くようにと説きかせる。そして、魂が自己自身のうちに凝集し結集することを命じ、自己自身以外の何ものをも信じてはならぬ、ただ、純粋に自分自身だけで、純粋にものそのものを直知した場合の対象だけを信じるようにと勧告する。これに反して、自分以外のものをつかって、雑多な事物の中に異なった姿をとる存在を考察する場合は、そのような対象は何ら真実のものではないと考えなければいけない、それは感覚されるもの、「見えるもの」であり、他方魂が自分だけで観るものは、知的なもの、「見えざるもの」なのだと教える……。こうして、真正に知を愛求する哲学者の魂は、こういった解放の言葉にけっしてさからうべきではないと思って、まさにそのゆえに、さまざまの快楽や欲望や苦痛などからできるだけ遠ざかるのだ。

〔中略〕

彼〔哲学者〕の魂は、それら〔快楽や苦痛の〕情念の嵐をさけた平穏をわがものとし、もっぱら純粋思惟の導きにしたがってつねにその中にとどまり、真実なもの、神的なもの、たんなる思惑ではとらえられぬものを観照してそれにはぐくまれ、いのちあるかぎり、この生き方をまもらなければならぬと考えるのだ。（同右、79―80ページ）

ソクラテスがここにいう「真正に知を愛求する哲学者の魂」をもって生涯を生きようとし、みずから思索を重ね、また、まわりの普通の人びとと問答を交わしたことは疑いを容《い》れない。ただ、ソクラテスのこうした生きかたと志が人びとにどこまで理解され、どう受け容れられたかを考えると、そこにさまざまな疑問が頭をもたげるのをどうしようもない。

市民との隔たり

ソクラテスの罪を問う裁判で、かれが堂々とおのれの無実を主張した直後の投票において有罪賛成票が五〇一票中二八一票、その後におこなわれた量刑決定の投票では、ソクラテスが素直に助命を嘆願しなかったがゆえに死刑賛成票が五〇一票中三六一票になったことからしても、知に生きようとするソクラテスとアテネ市民とのあいだには小さくない隔たりがあったと考えねばならない。しかも、ソクラテスがいわゆる書斎の知識人などではまったくなく――かれには著作が一つもない――、市民とのつき合いを大切にして生き、市民としての義務を誠実に果たそうとしていたことからすれば、自分とまわりの人びととの隔たりについても十分に自覚的だったと考えられる。

隔たりの自覚は都市国家アテネにおける共同体意識のなりたちにくさの自覚と密接に結びついていた。市民の共同体意識が暮らしのなかに息づいていれば、利害や欲望や感情に根ざす知や思考と、普遍性をめざす理性的・客観的な知や思考とが真向から対立するようなことはなく、共同の場でたがいが歩みよることは十分に可能だからだ。ソクラテス裁判における告発者たちとソクラテスの正面対決は、そういう共同の場がもはや成立不可能であることを、知の闘いの最尖端において示すものだった。

そういう状況はソフィストと呼ばれる弁舌さわやかな知識人を生み出す土壌となったし、ソフィストの巧みな弁舌はそういう状況の拡大・深化に力を貸すことにもなった。

ソフィストの多くは町から町へと巡回し、人びとに知識を授けて謝礼金を取っていたから、共同体秩序に綻《ほころ》びが生じ、利害の対立が真理を見えにくくし、倫理の基準が曖昧《あいまい》になるのはかれらにとって歓迎すべき事態だった。弁論に秀でることが立身出世につながるという風潮は、まちがいなく古代都市国家の民主主義の衰退を示す事柄だった。

ソクラテスはソフィストの同類とみなされることも少なくなく、アリストファネスの喜劇『雲』では戯画化されたソフィストとして登場しているが、ソフィストとちがって、ソクラテスには共同体意識の衰退に乗じようとする気配はまったくなかった。共同体の秩序に綻びが生じ、知識や弁舌が立身出世や金もうけの手段となることは、ソクラテスにとって憂慮すべき由々しき事態であって、普遍的な真理や正義や徳をめざす純粋な知こそがもっとも価値あるものだとするその主張は、共同体秩序を新たに再建するという熱意につらぬかれていた。

が、普遍的な真理や正義や徳の観念をもって共同体秩序を再建しようというソクラテスの願いはかなわなかった。有力な政治家ペリクレスの死、ペロポネソス戦争での敗北、といった政治的・社会的非勢のなか、人びとの心が迷走する状況にあっては、純粋にして真なる知識や知慧よりも、利害のからむ、富や栄達に結びつく知識や知慧のほうに人びとの心は引き寄せられた。普遍的な知にもとづく共同性の樹立というソクラテスの理想は、人びとの求めるところとはならなかった。

おのれの理想と人びととの思いとの齟齬を自覚しつつ、しかし、ソクラテスは理想の追求をあきらめなかった。

新しい共同性

クセノフォン『ソクラテスの思い出』の末尾近くに、ソクラテスが自分の生涯をしめくくる次のようなことばが出てくる。

　今日に至るまで、私はまだ私より良く、私より楽しく、生涯を送った人間があるとは認めないのである。なんとなれば、できるかぎり善い人間になろうとして最善をつくす者が、最善の生涯を送り、前よりも一層善くなっているとの自覚のもっとも大きい者が、もっとも楽しい生涯を送る者と、私は思うからである。今日《きょう》のこの日に至るまで、私の生涯はじつにこのとおりであったのを私は知っているし、また他人と出逢って彼らに自分をくらべて見ながら、自分に関するこの意見を変らずつづけて来たのである。そしてひとり私ばかりでなく、私の友人たちも私に関しておなじ意見をつづけて来てくれた。（佐々木理訳、岩波文庫、232ページ）

引用の最後で「友人たちも」といわれていることからすると、ソクラテスの思いとふるまいはなんとか友人たちにまでは通じたということだろうか。

が、ソクラテスの思想性からすれば、自分の思いとふるまいは友人たちという枠を超えてアテネ市民一般に——個として共同性を生きるすべての人びとに——通じるべきもの、通じてほしいものであった。国民会議で頑《かたく》なに国法を遵守《じゅんしゅ》して国民の反発を招いたり、裁判で罪に問われ死刑判決を受けたのも、思いやふるまいが多くの人びとの理解するところとならなかったことを端的に示すものだったが、とはいえ、思いやふるまいが通じない事実にぶつかって、それを変更することは、ソクラテスの採る道ではなかった。新しい共同体秩序の樹立はかれのなにより希求するところだったが、新しい共同性はみずからがよしとする生きかたの、その延長線上になりたつのでなければならなかった。

個のありさまと共同体のありさまがそのように呼応するのが古代ギリシャの人間観ないし社会観の大きな特徴だといえるが、その呼応のさまをソクラテスの思考のうちに跡づける作業の前に、おのれの生きかたを強い肯定のことばでしめくくったすぐ前の引用文に応えるべく、『ソクラテスの思い出』の作者クセノフォンがその生涯を称《たた》えたことばを引用しておきたい。

彼は〔中略〕敬神の念の篤き、神の心を伺うことなくしては何ごとも行なわぬほどであり、正義を重んじては微塵《みじん》の害も人に加えたことなく、己れと交わる者には最大の助力を与え、克己に富み、善を措《お》いて快楽をえらんだことかつてなく、頭脳の明徹なることは、より善きものとより悪しきものとの判別に過ったことがなく、他人の助言を必要としたことなく、己れ一人の知識をもって一切のことに事足りたのであり、またこれらの事柄を人に説きあかし、かつ定義を与えることに堪能であり、さらにまた他人を験し審べ、もし迷誤に陥っているときにはこれを認めしめ、彼らをみちびいて美徳ならびに君子の道につかしめたのであって、じつに私には、かくのごとき人として彼は至善の人であるとともに、至幸の人と思えるのである。（同右、234ページ）

ここまで誉《ほ》めことばを並べられると、アリストファネスの『雲』に登場するソクラテスはこんな品行方正の謹厳居士ではなく、たわいのない観念や幻想に戯れる滑稽な人物なのに、と、皮肉の一つもいいたくなるが、ソクラテスを師と仰ぐ若い著述家の思い描く像として、これはこれでソクラテスの一面を照らし出してはいよう。

ソクラテスを並外れた高徳の士として思い描き、その道徳家像を文字に定着させようとしたクセノフォンの著述心理の背後には、徳に秀でた高潔の士の志が人びとの理解を得られず、あろうことか死刑判決を下されたその恥辱をなんとか霽《は》らしたいという思いが強く働いていたことは容易に想像できる。そして、そうした思いに駆られてソクラテスを善と徳の高みに置こうとすればするほど、ソクラテスにたいする世間の無理解は共同体の質の悪さ、低劣さとして非難されるのは見やすい道理だ。かくて、ソクラテスという個と、かれの生きるアテネの共同体とは、もはや架橋不可能なまでの隔たったものとして描き出される。人びとが快楽に引きまわされ、利害に突き動かされる頽廃の共同体にあって、ソクラテスが徳の高さを求めて孤軍奮闘するといった構図だ。

しかし、個人と共同体がこのようにかけ離れ、質的に対立するという構図は、プラトンの対話篇のなかでソクラテスの語る社会のありかたとは、肌合いのちがうものだといわねばならない。対話篇に登場するソクラテスは対話の相手とはよく意見を異にし、ときに激しく対立することも辞さなかったが、共同体と個人との関係については、そこに分裂や対立を見るのではなく、たがいに照応する構造が見てとれるとして類同的にとらえる立場を崩さなかった。そのかぎりで、ソクラテスの社会観は共同体にたいしてあくまで肯定的だった。

知への信頼

見やすい例がプラトンの代表的な対話篇『国家』に出てくる次のような国家と個人のとら

えかただ。

『国家』の議論は「正義とはなにか」を問うところから始まる。正義のありかたを見定めるのは容易なことではない。それでも、正義が大きくあらわれる場面と小さくあらわれる場面があるとしたら、大きくあらわれる場面での正義のありさまを見るほうが、小さな場面でのありさまを見るよりは分かりやすいだろう。

そう確認した上でソクラテスは大きな場面として国家を、小さな場面として一個人をもち出す。以下、ソクラテス（Sと略記）とアディマントス（Aと略記）の問答はこう続く。

S「正義は一個人についてもあるし、また国家全体についてもあるとわれわれは言うのだね？」

A「そのとおりです」

S「ところで、国家のほうが一個人より大きいのではないかね？」

A「それは大きいです」

S「するとたぶん、より大きいもののなかにはよりたくさんの正義があり、いっそう容易に認められるというわけだ。そこでもし君たちが望むなら、まず国家において正義がどんなものであるか調べてみよう。それから各個人においても、そんなふうに大きなものに似た点を小さなものの姿のなかに探しながら調べるとしよう」

A「それはよいご提案だと思います」

（筑摩・世界古典文学全集 第15巻『プラトンⅡ』藤沢令夫ほか訳、一九七〇年、50ページ）

いうならば、国家のうちに正義の拡大版が見てとれ、一個人のうちにはその縮小版が見てとれるとソクラテスはいうのだ。想定されているのは国家と一個人との分裂や疎隔ではなく、一方と他方との連続性だ。アデイマントスが「よいご提案」だとソクラテスの探求法に賛同していることからすると、国家と一個人の連続性はアテネ市民に広く行きわたった通念だったといえるかもしれない。

こうして国家の正義の分析へと論は進むが、分析の結果としてあらわれ出る国家の構造――「理知的部分」と「気概的部分」と「欲望的部分」の複合体としての国家――は、個人が知と気概（勇気）と欲望の調和の上になりたつことと見事に符合している。ソクラテスの生きかたは、公人として軍務に励んだり国民会議で議論したりするときも、私人として人びととつき合い議論を交わすときも、個の世界と共同の世界との連続性に疑問を抱くことなく、同じ知と徳と正義の思想を携《たずさ》えて二つの世界を自由に行き来するものだったが、その哲学的理念においても、個人の世界と共同の世界は、別個の異質な原理の支配する世界ではなかった。国家の構造でもあり個人の構造でもある、さきの知・気概（勇気）・欲望の複合的図式に即していえば、知による統御が全体に行きわたることによって個の世界も共同の世界も秩序が保たれるとするのがソクラテスの根本の立場であり、死を前にしてもそれが可能だと考えるほどに、その楽天的立場は揺らぐことがなかった。

すでに見たように、刑死の当日ソクラテスは「その態度にも言葉にも、幸福そうな様子がありありとあらわれていた」という。幸福の核心に静けさ、穏やかさ、安らかさを見ようとするわたしたちの立場からすると、死刑の凶々《まがまが》しさ、むごたらしさは類がなく、それを乗りこえるだけの心の構えは容易に見出しがたいが、右にいうようなソクラテスの知への信頼は、ひょっとして死刑の苛酷さの上を行く強さをもっていたのだろうか。これまたすでに引用したクセノフォン『ソクラテスの思い出』の末尾のことばにも、「かくのごとき人として彼は至善の人であるとともに、至幸の人と思える」とあって、ここでも、知を信頼し知に生きることと「至幸」との結びつきが見てとれるが、知の極北に静けさや穏やかさや安らかさを見るのははたして当を得たことなのか。

疑問にすぐさま答えを求めるのは性急にすぎよう。疑問が知と幸福のあわいに生じたものであることを確認して、いまはアリストテレスの幸福論に目を転じよう。

2 最高善——アリストテレス

アテネに生まれ、アテネに死んだソクラテスは、公的な場面でも私的な場面でも自分の思いをつらぬく幸福な市民として生涯をまっとうしたかのごとくだったが、みずから、幸福とはなにかといった問題に思索を傾けることはなかった。秩序に綻《ほころ》びが生じつつあるとはいえ、アテネはいまだ一都市国家としての統一性と自律性をそれなりに保持しえていて、共同体と個の矛盾を現実の側から強く突きつけられなかったことも、幸福論を問題として浮かび上がらせなかった理由の一つといえるかもしれない。

アリストテレス（BC三八四—三二二）の生きた時代には、アテネは大王国マケドニアの支配下に組みこまれ、その統一性と自律性が大きく損《そこ》なわれていた。共同体と個の強い結びつきのもとに市民として生きていくという生きかたは、暮らしの実質としても観念としても意味を失いつつあった。

アリストテレスは、マケドニアに近い北部ギリシャのスタゲイロスに医者の子として生まれ、一七歳ごろにアテネに赴き、プラトンの主宰する学園アカデメイアで二〇年間の学究生活を送った。プラトンの死後、一時期アテネを離れ、若き王子アレクサンドロスの家庭教師

アリストテレス

をし、BC三三五年アテネにもどって学園リュケイオンを開いた。アレクサンドロスの支援もあって学園は栄えたが、アレクサンドロスが東征のさなかに急死するとアテネは反マケドニアの空気に満たされた。アリストテレスは母の故郷カルキスに逃れ、翌BC三二二年その地で六二年の生涯を終えた。

前後二回のアテネ在住期間を合計すると、アリストテレスは生涯の半分をアテネで過ごしたことになる。が、アテナ市民でなかったかれは、市井の人びととの交わりを楽しんだソクラテスとちがって、アテネでの暮らしは学園での学問研究を主体とするものだった。市民として生き、市民とともに生きるという意味では都市国家アテネの共同体はアリストテレスにとって身近なものでも親しいものでもなかった。

歴史的な条件からしても、個人の経歴からしても、かつての共同体とのつながりを実感しにくくなりつつあったからこそ、幸福論が切実な課題として浮かび上がってきたのではないか。アリストテレスについては、そんなふうにも考えられる。市民として共同体のなかに生き、共同体に受け容《い》れられ認められることによって個としても充実した生がある、といった生活実感が薄れつつあるところで、なんのために生きるのか、生きるしあわせはどこにあるかが真剣に問われたのではないか、と。

徳と幸福の関係

いずれにせよ、人間の生きかたを問い、人間の生きる意味と価値を問うアリストテレスの『ニコマコス倫理学』において、幸福論は避けて通れない主題だった。

全一〇巻からなる『ニコマコス倫理学』で「幸福」が主題となるのは最初の第一巻と最後の第一〇巻の二箇所だ。それ以外の八巻は、第二、第三、第四、第六の四巻が「徳」の論、第五巻が「正義」の論、第七巻が「欲望」の論、第八、第九の二巻が「愛」の論、という構成となっている。分量的に「徳」が一番大きな割合を占めるが、内実からいっても「徳」――人間的な立派さ、すぐれた行ない――が生きる倫理をつらぬく基本概念として設定されている。つまり、徳とはなにか――立派な生きかた、すぐれた行ないとはなにか――を問うのが『ニコマコス倫理学』だということができる。

徳とはなにか、という問いはソクラテスにとって、またプラトンにとって、哲学上の大きな問いであり、二人の先達の問題意識を受け継ぐようにしてアリストテレスは倫理学に体系的な構造をあたえようとしている。そして、倫理学の基本をなす、徳とはなにかという問いに、アリストテレスにあっては、「幸福」という概念が呼びこまれてくる。

アリストテレスは「徳」と「幸福」をどう関係づけるのか。

人間のもつ徳は行動となってあらわれるし、行動となってあらわれねばならない。そうアリストテレスは考える。現実主義者といわれるゆえんだ。ところで、行動はなにかをめざす人間の活動であり、めざすものは一般に目的と呼ばれる。医（の行動）は健康を目的とし、戦争（という行動）は勝利を目的とし、建築（という行動）は家を目的とする。そして、行動が徳に導かれた行動であるとき、めざす目的はよき目的、善なる目的と規定される。立派な人間のなすすぐれた行ないは善を目的とするということだ。

行動の目的となる善にはさまざまの種類があり——さきに挙げた健康、勝利、家はその実例だ——、善の程度には大小・高低のちがいがある。なかで、もっとも高い、もっともすぐれた善をアリストテレスは「最高善」と名づけ、その特質を「完結した目的」「自足した目的」「もっとも望ましい目的」といったふうに定義する。「完結した目的」とは、それがほかのなにかのために追求されるのではなく、それ自体として追求される目的であることを示し、「自足した目的」とは、それさえ実現されれば人生が望ましく感じられ、欠けるところがないと感じられるような、そういう目的であることを示す。くだいていえば、最高善とは人間のめざすべき最高の目的であり、それをめざすことが人間にとってこの上ない生き甲斐《がい》となるような目的だということになろう。

アリストテレスはその最高善に当たるものが「幸福」だという。いわれて素直には納得できかねるものの考えかただ。なぜか。

幸福は行動の目的か

わたしの違和感には二つの側面がある。

一つは、幸福が行動と密接不可分に結びついていることにたいする違和感だ。幸福とは行動の目的として明確に設定され、心身の活動をそれに合わせて調整し、忍耐強い積極的な努力を通じて手にすることのできるようなものだろうか。行動の目的として設定できなくはないが、設定したとたんに、行動と努力だけで獲得できるような構築物ではなく、さまざまな偶然条件に左右されつつ、実現されることもあれば、実現されないこともあるのが幸福ではなかろうか。

たとえば、幸福を主題とするメーテルリンクの戯曲『青い鳥』で、チルチルとミチルの兄妹は幸福をもたらす青い鳥をさがし求めて旅に出る。が、兄妹は青い鳥がどこにいるのか知らないし、つかまえかたも知らない。尋ね尋ねて家に帰ってみると、わが家のハトが青い鳥になっている。その青い鳥を、しかし兄妹は、隣に住む脚を病む子にやってしまう。おかげでその子の脚は治るが、お礼にきた子のもっていた青い鳥にチルチルが餌《えさ》をやろうとしたとき、青い鳥は逃げてしまう。幸福の青い鳥は兄妹がさがすのをやめたとき手に入るし、ちょっと気をぬいたときに逃げていってしまう。

幸福のつかまえどころのなさを見事に劇化した作品として一〇〇年以上も前に書かれた『青い鳥』は、いまなお読み応えがある。

つかまえどころのない青い鳥とは反対に、『ニコマコス倫理学』の幸福論は、幸福を行動の構造のなかに組みこんで、明確に意味づけ、価値づけようとするものだ。

幸福は、普通には、喜びや、うれしさや、安心感といった感情や心持ちと関連づけて考えられてきたし、わたしたちも序章ではそのような観点に意を用いてきたが、アリストテレスは幸福を感情と結びつけて考えようとはしないし、また、幸福が偶然に左右されるものとは考えない。そうではなくて、幸福は人間の思考と行動に深く結びつき、思考と行動から――もっといえば、すぐれた思考と行動である徳から――まっすぐに出てくるものだと考える。

幸福な子どもはいない

そこから、幸福と政治学を太い線でつなぐ次のような文言《もんごん》が出てくる。

われわれは政治学の目的を「もっとも善いもの」と定めているわけだが、政治学がもっとも配慮しているのは、市民を、或る一定の性質の人間、すなわち善い市民にすること、つまり、美しいことを為しうる人々にすることだからである。

このことゆえに、われわれが牛や馬やほかのいかなる動物のことも「幸福なもの」とは言わないのは、正当なことなのである。実際、こうしたどの動物もそうした〈徳に基づく〉行動に与ることはできないのだから。まさにこの理由から、子どももまた「幸福な人」ではない。というのも、子どもは年齢ゆえにこうした活動を為しえないからである。「幸福だ」と語られる子どもは、その子に見込まれる将来への期待のゆえに祝福されているだけなのである。（『ニコマコス倫理学（上）』渡辺邦夫・立花幸司訳、光文社古典新訳文庫、二〇一五年、74ページ）

幸福な子どもなどいない、という断言は衝撃的だ。子どもの幸福を願わない親はなく、そこでは子どもの将来の幸福だけでなく、いまの幸福を願う気持ちが、そして実際に幸福だと思えればそれを喜ぶ気持ちが、こめられていて、そうした心の動きはごく自然なものだと感じられるからだ。序章で取り上げた三好達治の二行詩「太郎を眠らせ、太郎の屋根に雪ふりつむ。／次郎を眠らせ、次郎の屋根に雪ふりつむ。」に読みとれるしあわせも、なにより、子どもである太郎と次郎の眠るすがたが呼びおこしたものだった。

子どもをめぐるそのような心の動きをはじき飛ばすかのように、アリストテレスは、子どもは「幸福な人」ではないときっぱり言う。幸福というもののとらえかたが大きくちがうと考えざるをえない。

ソロンの幸福観を継ぐ

そこで、幸福とは最高善のことであり、善とは徳にもとづく魂の活動のことだ、という定義にもどって考えてみる。

倫理の世界で善とか徳とかが出てくれば、人は安閑としてはいられない。善なる行ないに向かって、あるいは、徳ある人たるべく、心身の緊張を強いられ、なんらかの努力を求められる。そういう善や徳と幸福が切っても切れない関係にあるとすれば、幸福は倫理的な緊張および努力と必然的に結びつくものとなる。喜びやうれしさや安心感といった心情に浸《ひた》ることとは質のちがうものとなる。『ニコマコス倫理学』における幸福概念は、いまいう倫理的な緊張と努力のほうへと幸福を可能なかぎり引き寄せる形で設定された。だとすれば、設定された幸福は子どもの素朴さや無邪気さからは限りなく遠い。子どもが「幸福な人」でないという断言は、アリストテレスにとっては、あえてひねり出した発言でも、奇を衒《てら》った発言でもなかった。

そう納得した上で、しかし、静けさや平穏さやさりげなさにしあわせの核心を見るわたしたちには、なぜアリストテレスが倫理的な緊張と努力にそんなにも引き寄せて幸福をとらえたのか、という問いが答えをせまるものとして残る。答えとしてさしあたり二つのことがいえると思う。

一つは、アリストテレスの幸福論がすでに述べた賢人ソロンの幸福観を引き継ぐものだということだ。「できるだけ事欠くものが少なくて過すことができ、その上結構な死に方のできた人」こそが幸福な人だとするソロンの幸福観だ。

人生は自分の思い通りに進むものではなく、山があり谷があり、幸もあり不幸もあるというのがわたしたちの日頃経験する自他の人生の一般的なすがただ。そのなかで幸福を喜び、不幸を悲しみ、嘆き、幸福であることを願い、不幸を避けようとし、避けられぬ不幸は耐えしのび、やり過ごそうとするのが日々の暮らしというものだ。

そういう一般的な人生のありようを踏まえた上で、ソロンは幸福なる人生といったものを考え、事欠くものが少なく、死にかたが結構なものがそれだと結論する。ソロンが賢人として人びとの尊敬を受け、ソロンの法が都市国家アテネの民主化に貢献し、やがて多くの都市国家に受け容れられていったことから推察すれば、人の一生を大きく視野のもとに置くソロンの幸福観が古代ギリシャ人のものの考えかたからそう外れるものでなかったとはいえるだろう。

アリストテレスの生きた時代はソロンからはおよそ二五〇年の隔たりがあるが、アリストテレスのうちにもソロンの定式化した幸福観が息づいていた。幸福な死にかたをもって終わる持続的な幸福こそが本当の幸福だ、という考えはアリストテレスの強調してやまないところだった。

　人間の働きのうち、徳に基づいた活動ほど安定しているものはほかにない。〔中略〕徳に基づいた活動そのもののうちでも、もっとも価値のあるものがいっそう安定している。なぜなら、その活動のうちで、幸福な人たちはもっとも良く、そしてもっとも持続的に人生を送るからである。〔中略〕

　その〔幸福な〕人は、生涯にわたり幸福な人でありつづけるだろう。実際、幸福な人は常に、あるいはだれよりも徳に基づいて行為し、観想するだろうし、さまざまな運にも、あらゆる場面であらゆる仕方で、適切かつもっとも見事に耐えるであろう。その人は、「真に善き人」、あるいは「完璧な正方形」のような人なのである。（同右、80ページ）

幸福がもっとも安定した、もっとも持続的な善であり、幸福な人が真に善き人、完璧な正方形のような人だとすれば、幸福はだれしも望めるような、ごく身近にありうるものではなく、きびしい倫理的な努力の末に初めて得られるような高度なものということになろう。ソロンが人びとの日常と幸福との距離をどの程度のものと見さだめていたのかははっきりしないが、アリストテレスが二つのあいだに小さくはない隔たりを見ていたのは疑いを容《い》れない。

共同体の綻び

そうした隔たりは時代の状況によってもたらされたものでもあって、だから、アリストテレスの幸福論を倫理的な緊張と努力に色濃く染められたものとしたもう一つの要因として、幸福の実現を容易に許さない時代状況を挙げることができる。

徳にもとづいた活動によって得られる安定した、持続的な幸福は、都市国家という安定した、持続的な共同体の存在のもとで初めて、安定した、持続的な幸福たりうる。逆にいえば、ソロンからアリストテレスへと受け継がれたギリシャ的な幸福観は、都市国家が個と共同性の交流の場として安定性と持続性を備えている、という歴史的条件のもとで初めて現実的な意味をもちうるものだった。すでに述べたように、アリストテレスの生きた紀元前四世紀中葉から後半にかけての都市国家は、共同体としての統一性を急速に失いつつあったが、アリストテレスの構想する幸福はあくまで共同体としての都市国家を土台としてなりたつものだった。幸福は完璧な善であり、自足した善である、とは『ニコマコス倫理学』のくりかえし説くところだが、幸福のその自足性について、つぎのような説明がある。

ここでわれわれが自足的と言うのは、「その人自らのみに足りる」という観点、すなわち孤独に生を送っている人に足りるという観点からではなく、両親や子どもや妻、一般に親しい人たちや市民とともに生を送っている人に足りるという観点からである。というのも、人間はその自然本性において国家《ポリス》を形成するものだからである。（同右、55ページ）

人間が個人として生きることと共同体の一員として生きることがごく自然につながっていると考えるのが、自立した自由な都市国家《ポリス》に生きる市民のうちにおのずと育《はぐく》まれた人間観であり、社会観であった。その人間観ないし社会観の根強さは、右の引用で、「人間はその、、、自然本性において、、、国家《ポリス》を形成するものだ」ということばとなってあらわれているし、同趣旨の「人間は都市国家《ポリス》的動物である」という命題は同じアリストテレスの代表作の一つ『政治学』の根本命題とされている。

とはいえ、その人間観ないし社会観を育んだ都市国家が、もはやかつての堅固不抜さを保てなくなったのがアリストテレスの時代だった。都市国家アテネの全盛期をペリクレス執政のBC四四三年からBC四二九年に置くとして、その最終期に早くも始まったペロポネソス戦争その他の戦争や、フィリッポス二世とアレクサンドル大王の治下でのマケドニアの軍事的発展は、都市国家の共同体としての統一性と独立性を大きくゆるがすものだった。個人と共同体との自然な交流を前提とする人間観ないし社会観がなりたちにくいのが当時の都市国家の現実だった。共同体の秩序が綻《ほころ》びつつあるというのは、そういうことだった。

そういうなかで、しかし、アリストテレスは共同体的な人間観ないし社会観を堅持し、共同体的な人間として生きることに幸福を求めようとした。

となれば、幸福を求めることは共同体の綻びを修復し、個人と共同体とが自然につながるようなかつての共同体の再建という課題を、合わせて背負いこむことを意味した。幸福を求めることは、個人として生き、個人として快適な生活や欲望の充足を求めることではなく、個人としての生活と共同体の一員としての生活が生き生きと交流する都市国家の再現をめざし、その努力のなかで個と共同体とのつながりを実感することでなければならなかった。

が、何度もいうように、共同体秩序の綻びは古代ギリシャ史の大きな流れが強《し》いたものというべく、都市国家の再建は容易にかなうものではなかった。時とともに綻びがしだいに大きくなるというのが歴史の赴くところだった。そうした趨勢《すうせい》のなかで共同体的な人間観ないし社会観を堅持し、共同体の再建を不可欠の課題とするような幸福を求めようとすれば、幸福は開かれた明るい未来に浮かぶ安らかな目標というより、なにやら重くのしかかる息苦しい当為のようにイメージされるのは避けられなかった。

となれば、幸福が善と堅く結びつき、幸福が倫理学――人間はいかに生きるべきかを問う学問――の重要きわまる概念をなすことは、まことに理にかなったことだといえよう。アリストテレスの幸福のとらえかたからすれば、幸福が『ニコマコス倫理学』の中心的な主題の一つになることは、理の当然といえることだった。

が、そう納得した上でなお、幸福が善と――生きかたの善悪と――堅く結びつくことにわたしは違和感を覚えざるをえない。

幸福は最上位のものか

さきにわたしは、幸福が最高善だとするアリストテレスの考えかたに違和感を抱くといい、その違和感に二つの側面があるといったが、これまで述べてきた、幸福が行動と密接不可分に結びつくことにたいする違和感とはいささか趣きの異なる、もう一つの面をここで問題としたい。

幸福な活動が徳にもとづいた活動であり、もっとも安定した、もっとも持続的なものだというところに立ちかえって、違和感のよってきたるところを考えてみたい。

徳にもとづいた、もっとも安定した、もっとも持続的な活動といえば、さまざまな活動の最上位に位置する行動がそれだと考えられる。そして、幸福とはそういうものだとアリストテレスはいう。幸福とは、さまざまな活動のなかで最善のもの、最上のもの、最高のものだ、と。

さまざまな活動のあいだに徳を尺度とした価値の序列を設け、序列の最上位に位置するものを幸福とする。それがアリストテレスの倫理的思考図式だ。

その思考図式に、人間はその本性からしてポリス的（社会的）動物だという人間観と、共同体秩序が綻《ほころ》びつつあるという現状認識と、共同体秩序の再建こそが都市国家の最重要の課題だという当為が結びつくとき、社会秩序の確立と安定に資する行動こそが、人間的にもっともすぐれた行動と見なされ、それこそが最善・最上の幸福（な行動）と見なされたのだった。共同体の秩序は容易に再建できそうもないが、秩序の再建が個人の徳をも共同体の徳をも支えるものである以上、困難だからこそかえってそこに力を傾注することが徳であり、善であり、幸福であるとアリストテレスは考えた。となれば、幸福はわたしたちが日々の暮らしのなかで身近に実感し、また求めもする喜びや安楽や快適さからは遠く隔たるものとならざるをえなかった。『ニコマコス倫理学』のしめくくりをなす最終一〇章に、次の文言がある。

幸福な人生は、徳に基づくような生であると思われる。しかしそうした生活はまじめさを伴うものであって、遊びのうちにはない。そして、まじめな活動は面白おかしく遊びを伴う活動よりもすぐれており、また、すぐれているのが魂の部分にせよその人間自身にせよ、よりすぐれた者にとって為すのがふさわしい活動ならば、それだけますますまじめな活動であるとわれわれは主張するのである。そして、よりすぐれた者の活動は、そのことだけでもう、より善きものであって、いっそう幸福に満ちたものなのである。

さらに、どのような人間をとってみても、また奴隷でさえも、最善の人間に劣らず身体的快楽を楽しむことができる。だが、奴隷に人間らしい生活を分け与えるのでないかぎり、だれも奴隷が幸福に与るとは考えないのである。（『ニコマコス倫理学（下）』渡辺邦夫・立花幸司訳、光文社古典新訳文庫、二〇一六年、398ページ）

「よりすぐれた」「より善き」「いっそう幸福に満ちた」といったように比較級の形容詞が多用されるのが、幸福論にそぐわない。幸福を遊びから遠ざけ、まじめさに引き寄せて考えるのも、その説教臭が違和感を抱かせるが、幸福に上下の価値序列があるかに論じるその論法も、それに劣らず道学者風だ。

幸福が倫理学の重要項目たる徳や善と無縁の概念だというのではない。また、幸福といい、しあわせといい、それらが人びとの日々の暮らしのなかでのつき合いから生まれる共同体のありさまと深くかかわるものであることも認めてよい。が、だからといって、幸福が道学者風の説教の種になっていいわけはない。しあわせとか幸福とかいわれるものは、個人に即して考えるにせよ、共同体に即して考えるにせよ、日常生活に行きわたる静かで、安らかで、さりげない心のすがただと考えられるからだ。幸福に向き合うときには、倫理的な義務感は背後に退くべきで、生活の全体から、また体の全体から立ちのぼる好悪の情や快不快の感覚にゆったりと目を配る必要があると思う。遊びとまじめさを対比するアリストテレスの図式を借りていえば、幸福論には、遊びを、まじめさに劣らぬ人間の大切な営みととらえる遊び心が必要なのだと思う。

幸福が徳にもとづく魂の活動であり、なかでも最善の、最上の、最高の活動だと考えるアリストテレスの幸福論が、それとはべつのベクトルをもつものであることは、これまでの記述からもはっきり分かることだ。そういう彼我のちがいを確認した上で、アリストテレスの幸福論の歩みをもう少し追っておきたい。

テオーリア（観想）

最善・最上の徳たる幸福を、アリストテレスは、知性の活動こそがそれに当たると断言する。頭を使ってものごとを知的に見つめ、思考する「テオーリア」——日本語では「観想」とか「観照」とかと訳される「テオーリア」——こそが完全な幸福だという。

知性の活動は、観想的であるがゆえに、まじめさにおいて際だっており、そしてその活動自体のほかには、なんの目的をも目指していないばかりか、それに固有の快楽をしっかりもっているように思われる（そして、この快楽が活動を、増強するのである）。そして、人間にとって可能な程度で自足的であり、余裕があり、疲労のないものであることも〔中略〕観想的活動において成り立っていることは、明らかである。したがって、以上のとおりなら、この活動こそ人間の究極の幸福だろう。（同右、404—405ページ）

説教臭を感じさせない文章である。

観想的生活の典型が哲学研究であって、自分がその哲学研究に十二分に力を尽くしてきたという自信と自負が語り口をこわばりのない、自然なものにしたと考えられる。観想的生活に長くたずさわってきた一学徒が、観想的生活のゆたかさと楽しさを——そしてたぶんつらさや苦しさをも——たっぷりと味わった上でその魅力を語るという趣きが右の文章にはある。『ニコマコス倫理学』の全体にわたってつねに警戒心をもって使われる「快楽」ということばが、ここに限って肯定感をもって使われていることも、書き手の心の平静さをものがたっていよう。

その自信と自負を支えるものとして、アテネを初めとする古代ギリシャの都市国家が培《つちか》ってきた、知性と論理を重んじる文化風土を見おとすわけにはいかない。ざっと名を挙げるだけでも、叙事詩人のホメロス、悲劇詩人のアイスキュロス、ソフォクレス、喜劇詩人のアリストファネス、哲学者のタレス、ピタゴラス、パルメニデス、アナクサゴラス、ソクラテス、プラトン、歴史家のヘロドトス、ツキディデス、医者のヒポクラテス、——これら知の英雄たちは知的・論理的な文化風土のもとに生を享《う》け、みずからの活動と作品を通じて知性と論理のさらなる洗練、さらなる高度化を志したのだった。

古代ギリシャ文化史とでもいうべきその流れを後から来てながめわたす者の目には、アリストテレスは、右の知の英雄たちの最後に来て、全体を締めくくるような位置に立っているように見える。知性の活動する観想的生活がもっとも人間らしい生きかたであり、それこそが究極の幸福だとする文言も、人びとに交じって日々の営みに精を出す非観想的な実践生活が都市共同体の衰微ゆえに不如意になりつつある、という生活実感から出てきたというより、長い年月にわたって培われてきた知の伝統にたいする深い信頼のあらわれのように思える。さきの引用に続いて、以下のような調子の高い文章があらわれるが、この調子の高さも知の伝統への信頼なくしては得られなかったもののように思う。（これまで引用してきた光文社古典新訳文庫の訳文では分かりにくいので、以下の引用文だけはアリストテレスのギリシャ語原文をもとにわたしが日本語訳したものを掲げる。）

このような〔観想的〕生活は、人間にふさわしいという以上のものであろう。というのも、人がこのような生活を送るのはその人が人間であるかぎりでのことではなく、その人のうちになにかしら神々しいものが具わっているかぎりでのことだからだ。そして、その神々しいものが魂と肉体からなる現実の人間よりすぐれているかぎりで、その活動も、その分だけ徳にもとづくほかの活動よりもすぐれているといえる。知性が人間に比べて神々しいものであるのなら、知性に従う生活もまた、人間の生活に比べて神々しいものだといわねばならない。

知性は神々しいものだとまでアリストテレスはいう。現実の人間が魂と肉体を合わせもつ存在だとして、知性は魂が肉体を離れて自由に自在に世界とかかわり、世界の真実を見つめ、とらえる働きをいうものだ。肉体の柵《しがらみ》を脱しきれぬ人間が、しかもなお柵を脱して高邁な真実の世界に生きようとする。その営みをアリストテレスは神々しいというのだ。プラトンの対話篇『パイドン』で、死の間近にせまったソクラテスは、死によって魂は肉体をぬけ出し自由になれるのだから死はけっして忌避すべきものではないといったが、アリストテレスは死の手前ですでに魂が肉体から離脱する可能性のあることに思いいたり、それを観想的生活と名づけ、神々しいと形容したのだった。

その観想的生活こそを幸福のきわみだとするのが、アリストテレスの幸福論の結論だ。完璧な幸福とは神々しいものだ、というところまで幸福は押し上げられる。

が、さきの引用文からしても、神々しいとは人間の分を超えたもの、普通の人間には容易に手のとどかぬものを意味する。そして実際、知のために知を求める純粋な知的活動に打ちこむといったことは、衣食住を整え、他人とのつき合いをこなし、一日一日をつつがなく過ごす普通の人が容易にできることではない。また、やらねばならないことでもない。

「ゆるやかさ」の対極

そういう観想的生活を幸福のきわみとする幸福論、やはりそれは、謹厳にすぎる幸福論ではなかろうか。善や徳が人びとのめざすべきものとして高く掲げられ、老若男女がその境地に至ろうとして努力を重ねるというのは、善や徳のありかたとしてさほどに違和感をあたえるものではない。だが、幸福が神々しいと形容されるほどに輝かしいものとして頭上高く掲げられ、到達するのに厳しい努力が課せられるというのは、幸福の概念を逸脱するようなもののとらえかたではなかろうか。

わたしが与謝蕪村の「夜色楼台図」や、三好達治の二行詩や、長田弘の詩「友人」や、佐野洋子の絵本『一〇〇万回生きたねこ』などから導き出した、静かで、穏やかで、さりげない幸福のイメージは、洋の東西を問わず広く一般的に見られる幸福の図であり、幸福の語感と重なるものであるといっていいと思う。そこに見てとれるのは、日常の現実からそれほど離れることのない、日々の暮らしやふるまいと重なるようにしてあらわれ出る、幸福の「ゆるやかさ」とでもいうべきものだ。

比べていえば、アリストテレスの謹厳な幸福はその対極をなすものといえる。ゆるやかな幸福が、善や徳とまったく無関係とはいえないにしても、それらとは領域を異にし、いわば肩肘を張らずにそこに近づけるのにたいして、アリストテレスの幸福は善や徳と同じ領域に置かれてそれらと張り合い、さらには、それらをぬき去って最高位に昇りつめるような概念として設定されているのだ。

そういう幸福論が正面切って堂々と展開されるのを見ると、アリストテレスには——あるいはもう少し広く、古代ギリシャの都市国家の知識人たちには——ゆるやかな幸福概念ないし幸福のイメージがなりたっていなかったかもしれないとも考えられる。都市国家という共同体の枠にしっかりはめこまれた幸福は、共同体の求める善や徳の謹厳さをぬけだすようなゆるやかさをもちえなかったかもしれない、と。

その一方、社会の状況から概念の形態へとまっすぐ向かう推論が当を得たものかどうかには疑問が残る。ことばは社会に生きるものだから、社会のすがたがことばに反映するのは当然のことだが、とはいえ、都市国家のありようと幸福概念ないし幸福のイメージとをそのように直接に結びつけていいものかどうか。疑問を解きあかすには、なにより、古代ギリシャ社会にかんする高度な識見と、語感に分けいる繊細な読解力が必要とされようが、それはわたしの力にはあまる。疑問形を未決のままに残しつつ、以下、古代ローマにあらわれる幸福論を見ていきたい。

3 エピクロスとセネカ

アレクサンドロス大王の死

BC三二三年、マケドニアのアレクサンドロス大王が東方への大遠征の途中、バビロンで病死した。

それを機にアレクサンドロス大王配下のマケドニアの武将たちのあいだで後継者《ディアドコイ》戦争が起こり、およそ四〇年にわたって覇権を争う戦国時代が続いた。

また、大王の死はアテネを初めとするギリシャの都市国家に反マケドニアの気運を呼びさまし、ギリシャ各地でマケドニアの総督アンティパトロスにたいする武力蜂起が企てられた。が、反乱は一年足らずのうちに平定され、以後、ギリシャにおけるマケドニアの軍政は厳しさを加えた。

快楽主義の名で知られるエピクロス派の祖エピクロス（BC三四一頃―二七〇頃）は、アレクサンドロス大王の死の年には一八歳の青年としてアテネの地にあった。反マケドニアの武力蜂起、マケドニア軍による反乱の鎮圧、それに続く厳しい軍政、といった政治的激動の時代に、青年エピクロスがアテネでなにを考え、どう行動したかは不明だが、政情の不安定と軍事の巨大化のなかで都市国家アテネが共同体としての自由と独立を失っていくさまは、身近に経験することができたにちがいない。

都市国家の崩壊が西洋思想史の大きな転換点の一つとなったことは、歴史と哲学とのあいだに本質的な関係があるとした近代の哲学者ヘーゲルが、くりかえし説いたところだった。いま、『哲学史講義』の一節を引く。

エピクロス

一民族の宗教や国家体制や法律が確固として存在し、個人がそのなかにあってそれに同化し一体化している場合には、個人がみずからなにをなすべきかという問いはあらわれない。なすべきことはきちんと決まって個人のうちにあるのです。ところが、この充足感が失われ、個人が民族の道徳になじめなくなり、その国の宗教や法律が共同の意識をあらわしえなくなると、自己への関心があらわれてくる。個人の意志と共同の秩序とのあいだにずれが生じ、個人は現体制や自分の現在に満足できなくなる。個人にとって大切なことはなにか、人格形成のねらいはなにか、人生の目標はなにかといった問いの生ずる原因はそこにあります。そのとき、個人にとっての理想像が打ち立てられ、それが賢者の名で呼ばれます。確固たる道徳や宗教のあるところでは、個人の使命は現存秩序のうちにあたえられている。法律や道徳や宗教に従って生きることが個人の使命であり、それがどういうことかは、民族の宗教や法律のうちに示されています。が、個人と共同体が分裂すると、個人は自己のうちに沈潜し、自分の使命をさがさねばならない。（G・W・F・ヘーゲル『哲学

史講義Ⅱ』長谷川宏訳、河出文庫、二〇一六年、171―172ページ)

この文章は、直接にはソクラテスの後を継ぐキュレネ派のアリスティッポスについて述べられたものだが、共同体と個人とのあいだに生じたずれが個人を内省へと誘う事態はキュレネ派やキニク派のみならず、この二派の思想的発展形態ともいうべきエピクロス派やストア派のうちにも広く見られるものだった。数通の書簡と論稿の断片しか残らぬエピクロスの著作のうちにも、たとえば、

隠れて、生きよ。(『エピクロス――教説と手紙』出隆・岩崎允胤訳、岩波文庫、一九五九年、125ページ)

とか、

知者は国事にかかわらないであろう。(同右、149ページ)

といった文言《もんごん》が見られる。

ソクラテスやアリストテレスからは出てきそうもないことばだ。思考の基盤が大きく変わったと考えざるをえない。

都市国家の衰退期

『ニコマコス倫理学』や『政治学』で都市国家のありかたに強い関心を示し、そこに見られる共同体の秩序と、そこに生きる人間の倫理を知的に解明しようとしたアリストテレスだったが、前節で見た通り、その生きた時代は都市国家の独立と共同性が形骸化しつつある時期に当たっていた。アレクサンドロス大王がバビロンで病死したとき、アリストテレスはアテネで晩年の日々を過ごしていた。かつて大王の家庭教師をしていたこともあって反マケドニア派の告発に遭い、難をのがれてアテネを去り、その翌年に六二歳の生涯を終えたのだったが、みずから巻きこまれもした政治的混乱は、すでに進行していた共同体秩序の形骸化をさらに進める出来事だった。

そういう都市国家衰退の流れのなかに身を置きつつ、しかし、アリストテレスは共同体秩序の再建の可能性を信じ、信じたからこそ秩序の学問的解明に情熱を傾けたのだった。

エピクロスは、アリストテレス誕生の四三年後にこの世に生を享《う》けた。青年期に、大王の死に続くアテネでの反マケドニア派とマケドニア軍の政治抗争を経験し、その後、地中海沿岸に押しよせた政治の波に都市国家が翻弄されるさまを目《ま》の当たりにしたエピクロスは、もはや都市国家の秩序の再建を信じることはできなかった。のみならず、明確な形をもつ共同体秩序の存在を前提とし、それを土台にものごとを考え、自分たちの生きかたを考えることができなかった。

考えの土台が崩れたとき、新たな根拠を求めて思考の彷徨《ほうこう》が始まる。都市国家の解体のごとく土台の崩壊が深刻な場合には、思考の彷徨は長く続く。ついに根拠を見つけだせず、彷徨の途上で思考そのものが潰《つい》え去ってしまうことも珍しくはない。土台が失われたとき、思考すること自体にどんな意味があるのか、といった疑問が当然のごとくにあらわれ、疑問に抗して思考を続けるには並ならぬ気力と忍耐力が必要とされる。

エピクロスにはそういう気力と忍耐力が具わっていた。かれにあって、彷徨する思考はどんな新たな根拠にたどり着いたのか。

エピクロスの愛用語

多作だったというエピクロスの、いまにわずかに残る何通かの手紙と論文の抜萃や断片から、かれの愛用したことばをいくつかぬき出してみる。

(1)「感覚」。

(2)「原子」「空虚」。

(3)「快」「自己充足」。

(4)「思慮」。

共同体に信を置けなくなった意識は自己へと還ってくる。エピクロスの場合、自己への帰還が自分の感覚への帰還としてあらわれ、感覚を出発点としてものごとを考えていくという形を取った。大所高所に立った、抽象的な正義や善から出発するのではなく、身近な体が感覚として受けとめるもの——もっとも直接的なもの——から出発しようというのだ。エピクロスの愛用語を四項目に分け、その最初に「感覚」をもってきたのは、共同体とのつながりが稀薄になった個人にとっての生きる原点——ものを知り、ものを考える原点——が「感覚」にあるとするエピクロスの構想に沿おうとするものだ。

その感覚にとっては、共同体の存在も、共同体の求める正義や善も遠いものでしかない。人びとの雑多な生活やふるまいに一定の道筋をつけ、正不正の基準を設け、大小さまざまな場面で善悪の判断を下して人びとを統合していく共同体の秩序が、信頼して身を寄せるに足るものとは感じられず、もっと身近なものへと、いうならばありのままの自然へと、意識は向かう。愛用語の（2）「原子」「空虚」は、そのありのままの自然の基本的な枠組をなすものということができる。

「空虚」と名づけられたものは原子の動きまわる空間にほぼ等しいから、エピクロスの考える自然のイメージはデモクリトスの原子論を引き継いだものといえる。古代ギリシャの哲学は、タレスに始まるイオニアの自然哲学がしだいに論理的な精密さと抽象の度合いを高めてデモクリトスの原子論に至り、その先に知性《ヌース》が世界を支配するという精神的な世界観があらわれ、正義や真や善や徳を主題とする精神の哲学、魂の哲学、人間の哲学、社会の哲学へと大きく方向転換したのだったが、エピクロスには、精神の哲学からもう一度、自然の哲学に帰っていこうとする気配が見てとれる。共同体の解体が人間世界のありかたに深刻な影響を及ぼし、それまでの人間のとらえかた、精神の、魂の、社会のとらえかたに大きな疑問符がつけられたのだ。人間よりも、人間の精神よりも確かなものとして自然があり、人間を、精神をとらえるには、その土台をなす自然へと帰っていってそこから改めて人間へと向かい、精神へと向かう、――共同体の解体はそういう思考の道行きをエピクロスに強《し》いたもののごとくだ。

とはいえ、デモクリトスの原子論にならうその自然観は、幸福論とは直接にはかかわらない。エピクロスの幸福論をうかがうには、愛用語の（3）に出てくる「快」と「自己充足」

に目を転じなければならない。

人間における自然への着目

「快」とは自分一個の感覚ないし情感にかかわるものだ。自分が一個人として感じる快適さであり、心地よさだ。「自己充足」もそうだが、「快」が他人とは切り離された自分一個の感覚ないし情感だといえるのは、それが自分の体を場として生じる感覚ないし情感だからだ。わたしの体は他人と切り離されたわたし一個の体としてあるので、そこで感じるわたしの快や自己充足がそのまま他人に快や自己充足として感じられることはありえない。わたしの快や自己充足はわたしに限って感じられるもので、わたしの体のありようからして、それはそうあるほかはない。

そういう「快」や「自己充足」に注目して人間をとらえることは、体を単位として人間をとらえることにほかならない。そして、改めていえば、人間の体は魂とか精神とかと呼ばれるものに比べてはるかに自然な存在、自然に近い存在である。わたしたちの体は目に見え、手で触れることのできる自然の存在であるとともに、わたしたちはそういう体をもつからこそ、自然を見聞きでき自然に触れることができる。ということは、「快」や「自己充足」に着目して人間をとらえるエピクロスの視点が、自然に近づくようにして人間に近づき、人間を自然に近いものとしてとらえる視点であったというにほかならない。共同体の解体が人間を個としてとらえる方向へと向かわせたとすれば、その方向づけは同時に、人間を自然的存在としてとらえる方向へと向かわせるものでもあった。

人間における自然への着目は、たとえば次のような形を取ってあらわれる。

欲望のうち、或るものは自然的であり、他のものは無駄であり、自然的な欲望のうち、或るものは必須なものであるが、他のものはたんに自然的であるにすぎず、さらに、必須な欲望のうち、或るものは幸福を得るために必須であり、或るものは肉体の煩いのないことのために必須であり、他のものは生きることそれ自身のために必須である、〔中略〕。これらの欲望について迷うことのない省察が得られれば、それによって、われわれは、あらゆる選択と忌避とを、身体の健康と心境の平静とへ帰着させることができる。けだし、身体の健康と心境の平静こそが祝福ある生の目的だからである。なぜなら、この目的を達するために、つまり、苦しんだり恐怖をいだいたりすることのないために、われわれは全力を尽すのだからである。ひとたびこの目的が達せられると、霊魂の嵐は全くしずまる。そのときにはもはや、生きているものは、何かかれに欠乏しているものを探そうとして歩きまわる必要もなく、霊魂の善と身体の善とを完全に満たしてくれるようなものを何か別に探し求める必要もないのである。〔中略〕まさにこのゆえに、われわれは、快とは祝福ある生の始めであり終りである、と言うのである。というのは、われわれは、快を、第一の生まれながらの善と認めるのであり、快を出発点として、われわれは、すべての選択と忌避を始め、また、この感情を規準としてすべての善を判断することによって、快へと立ち帰るからである。（同右、69―70ページ）

「快」が人間一人ひとりの体の状態と密接に関係しつつ、この世を生きる人間の生きかたの基底をなすものであることが力強く主張されている。「快とは祝福ある生の始めであり終りである」と。人びとの共同の力が作り上げた社会が確固としてあり、そのなかで共同の価値を体現し、共同の秩序に従って生きることが善であり正義である、といったかつての人間観ないし社会観とは遠く隔たった人間のとらえかたが提示されている。共同体にかかわること、社会的に生きることがもはやリアルなこととは感じられなくなった時代の人間観ないし社会観だといってよかろう。

共同体ないし社会にかかわって、個としての人間の存在が、個別の心身のありかたが、とりわけ快のありかたがリアルに感じられ、そこに哲学的考察の目を向けるのがエピクロスの立場だ。共同体の正義や善や秩序が人びとを結びつける力をもちえなくなったとき、ばらばらの個となった人間の生きかたを考えていくには、個々人の個として生きる実感こそを拠点とすべきだ、とエピクロスは考えた。

「快」の行きつくところ

そこで、改めて「快」とはなにか。

共同体の求める善や正義や秩序が人びとの生きる規範となることはもうないが、共同体を離れて個として生きる人間であっても、その生きかたを問題とするとなれば、問われるのは、人間らしい生きかたとはなにか、正しい生きかた、善い生きかたとはなにか、ということだ。自然を近しいものに感じ、人間の感覚や情感に重きを置くエピクロスといえども、哲学的思索の流れに棹さす以上、人間らしい、正しい、善なる生きかたを問う姿勢を崩すことはない。個としてある人間が欲望に振りまわされて自分勝手な、無軌道な生きかたをするのをよしとはしない。共同体の秩序がゆるみ、過去のしきたりや作法の拘束力が弱くなるとき、世上に自分勝手や無軌道が横行するのは、けっして珍しいことではないけれども。

エピクロスの「快」は自分勝手や無軌道に寄りそうものではまったくなかった。さきの引用文に、「快とは祝福ある生の始めであり終りである」ということばと並んで、「身体の健康と心境の平静こそが祝福ある生の目的だ」ということばが提示されていることに注意したい。

健康な身体と平静な心を維持するのが「快」だとエピクロスはいうのだ。
欲望に引きまわされるような生きかたをもってしては体の健康と心の平静は保てない。それらを保つには、一見「快」と強く結びつくかに見える欲望を冷静に客観視するまなざしが必要だ。そのまなざしをエピクロスは「思慮」の名で呼ぶ。エピクロスの愛用語の（4）としてわたしたちが取り上げたことばで、欲望のままに右にゆれ左にゆれする体と心の動きに歯止めをかける知の働きを指す。思い描かれているのは、体の動きと連動する欲望を、高みに立つ知的・精神的な働きが統御するという構図だ。

　都市国家の政治的混迷のなかで共同体秩序のゆるみを身をもって経験したエピクロスが、その哲学的思考を、「原子」と「空虚」からなる物理的自然や、個としての人間が身近に経験する「感覚」「快」「自己充足」へとさし向けるに至ったのはすでに見てきた通りだが、個としての人間にまつわる身近な欲望や感覚や感情を差配し統合する働きとして「思慮」をもち出してくる、というその最終的構図は、古代ギリシャの共同体に脈々と流れてきた知的伝統をしっかりと引き継ぐものだ。肉体の上に魂を、感覚や感情の上に思考を、パトスの上にロゴスを置くのは、ソクラテスもプラトンもアリストテレスも、ものを考えるに当たって当然のごとくに受け容《い》れた原理であり、価値観であって、共同体の秩序が規範としての力を失ったのちに肉体や感覚・感情のありように目を凝らすエピクロスにおいても、その思考には伝統の原理ないし価値観が確実に息づいていた。野放図な欲望の跳梁《ちょうりょう》や、その場その場の気ままな感覚・感情に従うふるまいがよしとされることはなく、衝動的でも利那的でもありうる欲望や感覚や感情は、冷静で客観的な思考によって知的に抑制され統御されねばならなかった。

幸福という境遇も、つまるところ、知と思考による采配という構図なくしてはなりたちえないものだった。

幸福と祝福は、財産がたくさんあるとか、地位が高いとか、何か権勢だの権力だのがあるとか、こんなことに属するのではなくて、悩みのないこと、感情の穏やかなこと、自然にかなった限度を定める霊魂の状態、こうしたことに属するのである。（同右、125ページ）

「快とは祝福ある生の始めであり終りである」といい、「身体の健康と心境の平静こそが祝福ある生の目的だ」というのと別のことが述べられているわけではない。財産、地位、権勢、権力は広く社会に相渉《あいわた》るものであり、多くの人が求めるものではあるが、エピクロスはそこに生きる拠りどころを求めることはない。視点が移って人間一個の体と心のありようこそが生きる土台として浮かび上がるが、体と心にまず見てとれるのは状態の変化・変転であり、動揺・波立ち・不安定だ。ものごとを知的に認識し確定し、そこに一貫した理路を見つけ出そうとする思考にとって、これほど厄介なものはない。

変化・変転や、動揺・不安定のむこうにかろうじて見出された恒常的なものが「身体の健康」であり「心境の平静」だった。世のありさまは、共同体秩序の弛緩のもと、欲望と感覚と感情が広く解放されつつある。「身体の健康」と「心境の平静」を求める哲学的思考が世情になじまぬ孤高の営みとなるのは避けようのないことだった。

＊　＊　＊

エピクロスの対比項として後期ストア派の代表的思想家セネカ（BC四頃―AD六五）を取り上げる。エピクロスの生きた時代から三百数十年後のローマ帝政期を生きた人で、政治家としても活躍し、クラウディウス帝治下で法務官を、ネロ帝治下で執政官補佐を務め、AD六五年にネロの命令のもと自殺へと追いやられた。六九年の生涯だった。

ストア派とエピクロス派の近さ

ストア派とエピクロス派は、一方が、「禁欲主義」、他方が「快楽主義」といったレッテルを貼られて正反対の思想流派ととらえられたりもするが、紀元前三世紀から紀元後二世紀にかけて古代のギリシャ・ローマに一定の広がりを見せた哲学思想として、共通するところも少なくはない。

以下に、論文『人生の短さについて』のなかでセネカが熱をこめて自説を展開している二つの箇所からことばを引くが、エピクロスのことばとして読んでもさほど違和感のない考えが綴《つづ》られていはしないだろうか。

自分のことを「半ば自由を失った者」とキケロは言った。しかし誓って言うが、賢者は決してこんな卑屈な言葉を用いるものではない。半ば自由を失うことなど決してなく、完全にしてかつ安定した自由を常にもち、束縛を受けず、己れ自らを支配し、しかも他にぬきんでるであろう。(『人生の短さについて 他二篇』茂手木元蔵訳、岩波文庫、一九八〇年、19ページ)

彼ら〔学問にすぐれた者たち〕は君に永遠への道を教えてくれ、誰もそこから引き下ろされない場所に君を持ち上げてくれるであろう。これは死滅すべき人生を引き延ばす、いな、それを不滅に転ずる唯一の方法である。名誉や記念碑のごとき、およそ功名心が法令を発して命じたものも、労役を課して建てたものも、たちまちにして倒壊するであろう。

セネカ

時を経るに従って破壊され除去されないものはない。しかるに、英知によって永遠化されたものは、時を経ても害されることはない。いかなる時代もそれを滅ぼさないであろうし、減らしもしないであろう。次に続く時代も、更にその次の時代も、常にそれらのものに尊敬の念を強めて行くであろう。〔中略〕それゆえ賢者の生命は著しく伸長し、他の者たちを閉じ込めている限界も賢者を閉じ込めることはない。

賢者のみが人類のもろもろの制度から解放されている。あらゆる世紀が、あたかも神に仕えるごとく賢者に仕える。（同右、45―46ページ）

セネカが学芸の巨匠、もしくは賢者として具体的に名を挙げるのは、ゼノン、ピタゴラス、デモクリトス、アリストテレス、テオプラストスなどだ。いずれもギリシャの都市国家で活躍した名のある哲学者たちで、ローマ帝政期の知識人たちの、古きギリシャの学芸や文化への尊崇の強さが偲ばれるが、それにもまして印象的なのが、知的な営みにたいする思い入れの深さだ。都市国家の解体が共同の正義や善の影を薄くし、自然や快や感覚への関心を呼びさますなかでも、思慮や知性への信頼の念は失われることなく持続していたことはエピクロスの思索の特色としてすぐ前に見た通りだが、その特色はセネカにあってより色濃く浮かび上がるように見える。

セネカのにがい自省

帝政下のローマでクラウディウスとネロの二皇帝に仕えて要職に就き、政治家としても力を発揮したセネカの言だけに、みずからを支配する賢者こそが真の自由人であり、英知によって永遠化されたものこそが不滅だとするその価値意識は、いっそう重みのあるものに感じられる。陰謀渦巻く帝政初期のローマにあって、みずからも政争の荒波に巻きこまれ、流刑に処せられたり、最後は自殺を命じられもしたセネカには、かなわぬこととはいえ、心静かな学究生活への思いが消しがたくくすぶっていたのかもしれない。『人生の短さについて』は、同じく帝政ローマの要職にあったパウリヌス宛ての書簡の形を取るが、その終わり近く、政界からの引退を勧める以下の提言は、セネカのにがい自省がことばになったものとも読めなくはない。

私の最も親しいパウリヌス君よ、君は自分を衆人から切り離すがよい。年齢不相応に今まであちこちへと追い回されていた君は、結局のところ、静かな港へ帰るがよい。考えてもみたまえ。君はいかに多くの荒波を潜《くぐ》り抜けてきたか。いかに多くの嵐を、私的の生活では堪え忍び、公的の生活では一身に引き受けたことか。苦労が多く絶間のなかった幾つもの試錬をとおして、君の徳性はすでに十分に証明されている。君の徳性が有閑の生活のなかで、どんなに振舞うかを試してみるがよい。君の生涯の大部分、少なくともその良き部分は、すでに国家のために捧げられた。君の時間の幾らかを、君自身のために使うのもよいではないか。(同右、51―52ページ)

「自分を衆人から切り離す」「静かな港へ帰る」「有閑の生活」「(時間を)君自身のために使う」といった文言には、日本の平安時代中期から鎌倉・室町時代にかけて知的階層のあいだに一定の広がりを見せた、遁世《とんせい》・脱俗の勧めに似たものが感じられないではない。日本の場合、遁世・脱俗の決意は仏法思想ないし仏教信仰との結びつきが強く、そこは仏法ないし仏教とは無縁の古代ローマの脱俗と大いにちがうところだが、「国家のために捧げられた」公的な生活と自分自身のための生活とが明確に区別され、公的生活から身を退《ひ》いて自分が自分のために生きる「有閑の生活」が生きるに値する価値をもつとされている点は、共通するものがあるといえるだろう。ソクラテスやアリストテレスの場合、都市国家とともに生きること、共同体社会の一員として生きることが、正義を生きること、善を追求することとそのまま重なり合うことだったが、そのあとにくるエピクロス派やストア派にあっては、国家のために生きること、あるいは共同体社会の一員であることは、もはや無条件の正義でも善でもなく、国家や共同体とは場を異にするおのれ一個の生活にも独自の価値が認められ、そこでは国家や共同体のそれとは類を異にする正義や善がなりたつと考えられるに至ったのである。

類を異にする正義・善

類を異にする正義や善とはなにか。

仏教と密接不可分な日本の中古もしくは中世の遁世・脱俗の場合、閑居の内実をなすものとして身近な死者の菩提を弔《とむら》うとか、読経や写経に励むとか、瞑想に耽《ふけ》るといったことが価値ある営みと考えられたが、セネカはそこのところをどう考えたか。

『幸福な人生について』からやや長い一節を引く。

われわれは自然を指導者として用いねばならないのである。理性は自然を尊重し、自然から助言を求める。それゆえ、幸福に生きるということは、とりもなおさず自然に従って生きることである。〔中略〕一人の人間が外的なものに破壊もされず征服もされず、ただ自己のみを尊しとなし、また心に信頼するとともに善悪いずれの事態に対しても備えがあり、人生の立派な作り手であるとしよう。彼の自信は理論に裏付けられ、その理論は首尾一貫しているものとしよう。また、ひとたび自分が決心したことは固く守り、自分の決定には何らの訂正も加えないとしよう。このような人物は、あえて付言するまでもなく、冷静で節度があり、自分が行なおうとする事柄において快活のなかにも威厳のあることが分かるであろう。理性は感覚に刺激され、そこから第一の原理を捕えようとしながら、〔中略〕外的なものを求めるがよい。しかし理性は再び自らのなかに立ち帰らねばならない。なぜというに、万物を抱きかかえる世界であり宇宙の支配者である神もまた、外的なものに向かって進みはするが、それにもかかわらず、あらゆる方向から内部に向かって自らのなかに立ち戻るからである。われわれの心も、これと同じことをしなければならぬ。心が自らの感覚に従い、その感覚を通して自らを外的なものに伸ばしたとき、心は、感覚をも自らをも共に支配する力を得ることになる。このようにして、統一した力、すなわちそれ自らと調和した能力が作り出されるであろう。そして、かの確実な理性〔中略〕が生まれるであろう。この理性は、ひとたび自らを整え、自らの各部分と協調し、いわば各部分と合唱するようになれば、すでに最高の善に触れたのである。〔中略〕理性は万事を自らの命令によって行なうであろう。（同右、134—136ページ）

ここでもセネカはエピクロス派とさほどに隔たったところにいるわけではない。自然に従って生きる、感覚を第一の原理としながら自らのなかに立ち戻る、感覚をも自分をも支配する力を得る、確実な理性が生まれる、といった文言《もんごん》は、エピクロスの著作のなかに類似の発言を見出すのがむずかしくはない。自然と感覚はエピクロスにおいても人間と世界をとらえる際の土台となるものだったし、理性についても、それとほぼ同義の「思慮」に欲望や感情を統率する根本的な働きが期待されていたことを思えば、そこに、知の支配という共通の方向性が認められる。日本における世捨てや脱俗が信仰と固く結びつき、この世のかなたの仏へと向かう傾きを強くもつのにたいして、古代ギリシャ・ローマの脱俗は現実の政治活動や経済活動から身を退《ひ》きつつ、なおこの世を生きる自己の内面へと——内面の理性へと——向かう傾向を強くもつということができる。知の優位という伝統はそれほどに根強いものだった。

そういう知と理性がおのれ一個の生活に行きわたれば心の安静と自由が得られるはずで、セネカにとって、それがすなわち幸福な生活にほかならなかった。

幸福な人生は、人生自体の自然に適合した生活である。そして、それに到達するには次の仕方以外にはない。まず第一に、心が健全であり且つその健全さを絶えず持ち続けることである。第二に、心が強く逞《たくま》しく、また見事なまでに忍耐強く、困ったときの用意ができており、自分の身体にも、身体に関することにも、注意は払うが、心配することはない。最後に、生活を構成するその他もろもろの事柄についても細心であるが、何ごとにも驚嘆することはなく、運命の贈物は活用せんとするが、その奴隷にはなろうとしない。こういった仕方である。〔中略〕われわれを怒らせたり恐がらせたりするものが追い出されれば、不断の安静と自由とが続いて生ずる。なぜというに、快楽や不安の念が投げ捨てられれば、〔中略〕不動で不変な喜びが続いて生じ、更には心の平和と調和が、また、従順さを兼ね備えた偉大な心が生ずるからである。（同右、127ページ）

心の安静と自由、平和と調和がそう簡単に得られるものでないことは経験的に分かっていても、その一方、一種の理想の生きかたとしてこういう境地が求められることも分からないではない。財務官や法務官や執政官補佐として政界で活躍したセネカのような知識人が、政職を離れた一個人としての生活に目を据《す》え、そこで可能なしあわせの日々に思いを致すとき、知と思考の行きわたった安静と自由と調和の境地が思い浮かぶのは、いかにもありそうなことだからだ。

そう思いながら引用文を追っていくと、終わり近く、「快楽や不安の念が投げ捨てられれば」ということばに接して、おやっと思わせられる。快楽と不安は投げすてるべきものなのか。投げすてることによって安静と自由が得られるものなのか。不安はともかく、快楽は、たとえばエピクロスにおいて少しく肯定的にとらえられていたし、実際、幸福な生活というところに日々の暮らしの目標を定めるならば、快楽を一方的に投げすてるのは生活態度として頑《かたく》なにすぎるのではないか。快楽を内にふくんで幸福な生活を構想することはできないものなのか。——そんな疑問がわき起こらないではいない。

徳・善の対極にある快楽

快楽を目《め》の敵《かたき》にするとまでいう必要はないが、セネカは快楽にたいしてエピクロスほどに寛大ではなかった。心の安静、自由、調和という観念を突きつめていくとき、そうした心の境地を壊す要因として快楽をとらえざるをえなかった。対立する思想流派をなすエピクロスとセネカのあいだには、虚心に読むとむしろ共通するもののほうが多いと感じられるけれども、快楽のとらえかたに限っては、そこに明確なちがいが見てとれる。快楽に鋭い否定の矢を放つものとして、たとえば次の文章がある。

快楽は低俗で卑しく、弱くて壊れやすい。その居所や住居は娼家であり料亭である。徳には神殿で出会うこともあろうし、大広場や元老院で出会うこともあろう。〔中略〕しかし快楽は大抵は陰に隠れ、公衆浴場や蒸気風呂や、警吏《けいり》に怯《おび》える場所のあたりで暗闇《くらやみ》を求め、弱々しく、気力も失い、生酒《きざけ》と香料に浸り、顔も青ざめているか、あるいは化粧をし、香油を塗った死体のような姿で出会うことであろう。ところが、最高の善は不死であって、滅びることを知らないし、満足することも後悔することもない。〔中略〕しかし、快楽は最高の喜びに達すると消えてしまう。それは広い場所を持っていないから、忽ちそこを満たすと、嫌気がさし、最初の情欲が起こった直後に凋《しぼ》んでしまう。そして、本性が運動変化のうちにあるものは決して確かなものではない。それゆえ、瞬《また》く間《ま》に来ては去り、自らを浪費することだけで死滅するものには、何らの実体の存することも不可能である。それは、滅びる所に向かって急ぎ、始まるときにすでに終りを目指しているからである。（同右、133—134ページ）

快楽の対極に置かれるのが徳であり善であって、そうなると快楽はどうしても悪役たらざるをえないから、右の引用文に勧善懲悪の説教臭が漂うのはやむをえない。権勢欲にまみれた血腥《ちなまぐさ》い政界に生きるセネカにとって、著作活動はそれとは距離を置いた心安らかな思索の時間だったろうから、欲望や快楽や情念にたいしても冷静に向き合おうとする姿勢がそれなりに保たれてはいる。とすると、ここでの快楽否定は論の勢いでつい快楽を悪役に仕立てるまでに筆が滑ったと考えられなくもない。

が、筆の滑りはご愛敬だとしても、幸福を主題とする論述がその本筋において快楽を投げすてたり、片隅に押しやったりするのは行きすぎだ。そうなると論はどうしても徳や善を顕彰する道徳論に傾いて、幸福論としては、現実の世界の猥雑さを置き去りにした、ふくらみのない堅苦しいものとなる。たしかに、快楽が否定すべき負の面をもつことはだれしも否定はできない。そのことを踏まえて幸福と快楽とをどううまく調整していくか。

それは、幸福論にとってゆるがせにできぬ問いだといわねばならない。

第二章　西洋近代の幸福論——道徳と幸福の対立

なぜ中世を問わないのか

わたしの幸福論は古代ギリシャ・ローマから西洋近代へと一挙に飛びうつる。西洋思想史や西洋哲学史では古代ギリシャ・ローマと近代とのあいだに中世という時代を置いてその特質を論じるのが通例だが、西洋中世の思想ないし哲学は、幸福論というわたしたちの視点からながめるとき、論理的にも心情的にもそこに深くかかわるようには思えないからだ。

西洋中世は思想史の上では神中心の時代、あるいは神の支配する時代とされる。キリスト教が政治権力と結びついて巨大な権威として社会を覆《おお》うのに見合って、この世を創造した全知全能の神の意向が自然界と人間界の隅々にまで及んでいるとするのが、西洋中世思想の基調だった。すべてが神の支配下にあり、すべてが神からやってきて神へと帰っていくと考えられた。

幸福もむろんそうだった。幸福は神のもとにあり、神があたえてくれるものであり、神の意に従って生きることが幸福だった。場合によっては、自分が、自分たちが、幸福であるかどうかについてさえも、神の判断を仰がねばならなかった。

自然界をも人間界をも超え出た絶対的な神が全存在を完全に支配するといった構図は、古代ギリシャ人も古代ローマ人も思い描いたことのないものだった。共同体と個とを基本軸とするかれらの世界は、共同体がどこまで肥大しようと衰微しようと、また、個人がどれだけ卓越しようと卑小になろうと、両者のあいだに自発的な思想と感情の行き来はあって、その関係が絶対的な威力の支配下に置かれることはなかった。そのかぎりで、社会の安定も混乱も、個人の幸福も不幸も、人間の生きるこの世の出来事であり、人間が個人的に、あるいは集団的に、取り組み、解決すべき問題であった。

神の支配という観念的構図は、そうした世界のありかたに根本的な変更をせまるものであった。共同体の軸と個の軸は消えてなくなったわけではなく、現実のさまざまな場面では人びとのそれと意識しないところで二つの軸の関係が社会を動かす力として働くことも少なくなかったろうが、思想の次元ではその関係をも支配下におく神の存在と威力が、人間の力をもってしてはどうにもならぬ絶対的なものとして意識された。

神が絶対的な支配力を揮《ふる》う世界にあっては、幸福もまた神の支配下にあると考えるほかはなかった。幸福はみずから作り出すものではなく、神からの授かりものと考えるのが自然だった。身近な幸不幸は当人の努力次第でどうにかなるものではなく、多く偶然に左右されるといった日常の経験が、幸福を授かりものとする考えを強めることもあったかもしれない。となると、幸福とはなにか、幸福をいかにして手中にするか、といった問いはいよいよ迂遠なものとなる。求めてもたやすく得られるものではなく、手にしたと思えるものも本当の幸福かどうか定かではないというのでは、人はそこに真剣に、持続的に、取り組むべき問題を見出しにくい。それでもなお幸福への思いを強く抱く人は、神への信仰を強めることをもって幸福への道と観念することもありえよう。幸福と信仰はけっして相性のいいものではないが、幸福が神の領域に取りこまれたとなれば、信仰から幸福へという道筋も考えられなくはないからだ。

だが、信仰と幸福の接近と結びつきは、信仰にとっても幸福にとっても本来のすがたとはいえない。信仰はこの世を超越した神やあの世への志向を強くもつのにたいして、幸福はこの世を居場所とし、この世で実を結ぶものだからだ。神から授かる幸福や、信仰と結びつく幸福は宗教的な幸福と呼ぶことはできようが、その宗教的幸福がキリスト教から遠い人間には抽象的、観念的なものに感じられる。そのことからしてすでに幸福の現世的性格をよく示すものということができよう。

1　経験への執着——ヒューム

西洋近代の幸福論はキリスト教的な絶対神の支配から離脱することをもって始まった。離脱と幸福論の成立とを単純な一本線でつなぐことはできないが、人びとの心が絶対神の支配を受け容《い》れているかぎり、幸福への思いが時代の思想として人びとをとらえることはむずかしかった。

とはいえ、離脱の時期を正確に見定めることは不可能に近い。この世のすべての出来事に全知全能の神の思いが及んでいるという観念から人びとがぬけ出すには、長い年月にわたるさまざまな経験の積み重ねが必要であり、その過程は遅滞もあれば揺りもどしもある、複雑多岐な過程であった。歴史上の大きな出来事としては、商品経済の発達、ルネサンス、大航海時代、宗教改革、絶対君主制といった動きを包みこんで、時代は中世から近代に向かって大きく転回していき、そのなかで絶対の高みに立つ超越神の支配から人びとの心は徐々に解き放たれていった。

高みに立つ神の支配は、実質的には、聖書の文言《もんごん》、さまざまな宗教儀式、宗教行事、宗教的慣習その他を通じて人びとの日常のふるまいまでを規制するものだったが、その支配と規制がゆるむことは人びとの思いが自分自身へと——自分の生活や行動や世界へと——帰っていくことを意味した。自分の生活や行動や世界をこれまでとはちがう目で見ることを意味した。

ベーコンに始まる

近代哲学の二人の祖と目されるフランシス・ベーコン（一五六一—一六二六）とルネ・デカルト（一五九六—一六五〇）のめざしたところも同じ流れに棹さすものだった。「経験」こそが認識と思考と行動の原点だとするベーコンの方法論は、現実世界を生きる自分の体と心の経験をすべての出発点にしようとするものだったし、「コギト・エルゴ・スム（われ思う、ゆえにわれ在り）」と高らかに宣言したデカルトは、神を否定はしなかったが、神の対極をなすともいえる個我を起点に、新しい世界像を構築しようとしたのだった。ベーコンの「経験」とデカルトの「個我」は、一見したところ、たがいに大きく隔たったもののように見えるが、中世的な神中心の世界を反対の極に置くと、現実を超越する高みに設定されていた中心が驚くほど身近なところへともってこられたという点で、そこに相似た思想の転回のさまを見てとることができる。見通しがたい高みから目の前の「経験」や「個我」へと降りてくる道行きは、中世から近代へと向かう時代の大変動と、その大変動を前へと進める思考のエネルギーの大きさを示すものといえようか。

わたしたちがこの章で取り上げる思想はベーコンの系譜につらなるものが多く、そこでは、当然ながら、「経験」の概念に重きが置かれることになるが、以下、言及する機会の少ないデカルトの系譜との比較の上でいっておけば、ベーコンに始まるいわゆるイギリス経験論の思想は、デカルトに始まる大陸合理論に比べて、絶対神の支配にたいする意識がそれほど大きくはなかった。もともとイギリスがカトリックの総本山たるローマから遠く離れた島国だったこともあって、キリスト教思想の社会的浸透が大陸ほどには進まず、ために思想の次元でも絶対神の支配と規制がさほど強くは働かなかったといえるかもしれない。デカルトに始まる大陸合理論が、神の存在を限定つきで受け容《い》れるにせよ、神に背を向けるにせよ、神にとらわれて思考を進めるほかなかったのにたいして、イギリス経験論は神にたいしてもっとゆるやかな関係を結ぶことができていたように思う。

人間の本性を問う

さて、まず取り上げるのはデイヴィッド・ヒューム（一七一一—七六）である。

主著は『人性論』（丁寧に訳せば、『人間の本性についての論述』）である。内容は三部に分かれ、「第一部 知性について」「第二部 感情について」「第三部 道徳について」となっている。

問われるのが神の本性ではなく人間の本性であることを、本の題名が明確に示している。経験の重要性を説くベーコンから数えて、すでに一五〇年の歳月が経過したヒュームの時代には、神とはなにかを問うよりも、人間とはなにかを問うほうが意味のあることは、思想界でも広く受け容れられるものとなっていた。

その人間についてもっとも身近に経験できることといえば、人間が体と心をもって日々を生きる生きものだという事実である。ヒュームはそのような生きものの本性を知性と感情と道徳という三つの面から明らかにしようとする。体と心を等分に見るというより、心のほうに重きを置いて見ていこうとする意図がうかがえる。冒頭の一節を引用する。

ヒューム

人間の心に生じる一切の知覚は、はっきりと二つの種類に分けられる。わたしは一方を「印象」と呼び、もう一方を「観念」と呼ぼうと思う。この二つのちがいは、それらが心の扉を叩き、わたしたちの思考や意識に押し入ろうとする力と勢いの程度の差にある。強大な力と激しさをもって入りこむ知覚を「印象」と名づける。魂のうちに初めてあらわれる感覚や感情や情動のすべては一括してその名で呼ばれる。「観念」と呼ばれるのは、いまいう知覚が思考や推論のなかに鮮度の落ちたイメージとしてあらわれる場合で、たとえば、現に進行する会話によって呼びさまされる知覚は、視覚と触覚から生じる知覚と、会話の触発する直接の快感や不安感を除けば、すべてその類《たぐい》である。(David Hume, *A Treatise of Human Nature*, vol.1, Everyman's Library, no. 548, 1951, p. 11)

「印象」と「観念」

「印象」と「観念」という日本語訳ではヒュームの真意は伝わりにくいかもしれないが、経験の直接の現場に可能なかぎり近づこうとする熱意がヒュームにはあって、その現場でいままさに経験されているものを「印象」の名で呼び、のちになってそれが二次的、三次的に呼びさまされる、もはや直接的とはいえない「観念」からそれを区別することがなによりも重要なことだと考えられた。高みにあって支配権を揮う神を離れて、自分たちの生きる自然界と人間界に目を向け、そこを思考の場とすることは、ヒュームにとって――そして、イギリス経験論の流れを汲む多くの思想家にとって――、生《なま》のみずみずしさを保つ知覚と活動の現場に身を置き、そこを出発点として思考を重ねていくことにほかならなかった。初源の経験に寄りそう方法論の重要性はいくら強調しても強調し足りなかったもののごとくで、『人性論』の「第二部 感情について」の冒頭には次のことばが見える。

心に生じる知覚のすべてが「印象」と「観念」に区別されるのに似て、印象はさらに根本印象と二次的印象に区別される。印象のこの区別は、以前わたしが印象を感覚の印象と反省の印象とに分けたときに採用した区別と同じものである。根本印象ないし感覚の印象とは、先立つ知覚のないところで、体の体質とか、動物精気とか、外部器官に対象が接触したとかで魂に印象が生じる場合を指していう。二次的印象ないし反省のもとでの印象とは、根本印象のいくつかから直接に、あるいは観念が介在することによって、生じる印象のことだ。前者に該当するのが感官の印象のすべてと、身体的な苦痛と快楽のすべてであり、後者に該当するのが感情と、感情に類するその他の情動である。(David Hume, *A Treatise of Human Nature*, vol.2, Everyman's Library, 1952, p. 3)

知覚を「印象」と「観念」に区別した上で、「印象」をさらに根本印象(感覚の印象)と二次的印象(反省の印象)に区別する。ありのままの経験を、いままさにそれが成立するその場におもむいて、あるがままのすがたでとらえようとする姿勢があらわである。ものごとをとらえ、理解し、知る上で経験こそがなにより大切なものだという思いとともに、その経験をわたしたちが形をゆがめることなく、まっすぐ、あるがままに受けとることがけっして容易なことではないという思いが、ヒュームの念頭を去ることはなかった。

知覚のなかでも観念よりは印象がいっそう直接的な、生き生きとしたものであり、印象のなかでも感官の感じとるものや体の感じる苦と快こそが――根本印象こそが――もっとも直接的な、生き生きとしたものだ、といったふうに論を進めるとき、ヒュームのまなざしはわたしたちの体と心が経験するさまざまなもののうち、いうならば経験の原点に当たるものをさぐり出すことに向けられていた。

原点に当たるものとして取り出されたのは、「感官の印象のすべてと、身体的な苦痛と快楽のすべて」だ。くだいていえば、いま目に見えているもの、耳に聞こえているもの、鼻で嗅いでいるもの、舌で味わっているもの、肌で触れているもののすべてであり、そして、体が痛いと感じたり、心地よいと感じたりするその感じのすべてである。個として生きる人間がいまという時点においてまわりのものとじかに触れて感じること、――それが原点をなす「根本印象」だとされている。外界に向かって開かれた人間の体と心が、外界からさまざまな回路を通じて受けとり、さまざまな形で外に向かって働きかける一切を「経験」と名づけた上で、その体と心が目の前の対象を相手にいま、ここで経験する感覚ないし感じをヒュームは「根本印象」と名づけ、それを経験全体の原点に位置するもっとも単純な要素と見なす。

神に背を向けて経験のありかたを探究することは、経験のもっとも単純な要素を突きとめ、そこを出発点として経験を再構成する試みにほかならなかった。

印象から経験の総体へ

原点が設定されたあとは、原点たる単純にして根本的な印象から経験の総体へと至る道筋が示されねばならない。

『人性論』の三部構成――「第一部 知性について」（認識論）、「第二部 感情について」、「第三部 道徳について」――は、直接的で単純な根本印象から、真偽・善悪・美醜の価値判断をもふくむ間接的で複雑な経験への道筋をごく大まかに示すものといえなくはない。が、たとえば早い段階に出てくる空間の観念や時間の観念を考えてみても、五官の受けとる感覚や体の快と苦の感じから空間や時間の観念に至る過程は、日常の経験に寄りそうなかで自然に一方から他方へと道が開けるといったものではない。単純にして直接の感覚（感じ）から入りくんだ複雑多岐の経験へとそれなりに納得できる道筋をつけるには、経験される対象やもののごと、さらには経験する体や心の動きを注意深く観察し追跡するだけでなく、多種多様の重層的な経験を分類し整理するのに役立つ概念を設定し、それを道具として経験を秩序立てねばならないが、経験こそが思想の、哲学の、現場でもあり、原理でもあると考えるヒュームにとって、経験のうちに見出されない概念を経験のうちにもちこむことは、ゆるしがたいことだった。たとえば「理性」といったことばは思想の領域でも日常の世界でも経験を秩序立てる概念として使われてきたのだが、以下に見るように、「理性」という概念が経験のなかで力を発揮することをヒュームは強く拒否する。

> 哲学においても、日常生活においてさえも、感情と理性のたたかいを話題とし、理性の優位を認め、理性の指示に従うかぎりで人は有徳だ、などとよくいわれる。理性的な生きものはすべて自分の行動を理性によって統率すべきだといわれ、それ以外の動機や原理が行動を導こうとするようなら、それが完全に制圧されるか、少なくとも理性の支配に服従するに至るまで、異を唱えるべきだといわれる。古今を通じて道徳哲学の大多数はこうした思考方法を土台としているように思えるし、理性が感情に優位するというこの想定ほど、一般向けの宣言においても形而上学的議論でも広く受け容《い》れられているものはない。理性が永遠で、不変で、神から出てきているとは好んで口にされてきたことであり、たいして、感情が分別を欠き、気まぐれで、人を惑わすことも同じく人の強調するところとなってきた。すべてのこうした哲学の誤まりを示すために、わたしは第一に、理性だけでは意志のどんな行為の動機にもなりえないこと、第二に、理性が感情とは反対方向に意志を導くこ

となどできないことを証明すべく努めたい。(ibid., p. 125)

第一章で見たように、理性への信頼は古代ギリシャ・ローマのソクラテスにもアリストテレスにも、またエピクロスにもセネカにも広く認められるものだった。さらにいえば、右の引用文中の、理性が「神から出てきている」という文言《もんごん》が示唆《しさ》するように、西洋中世の体制思想たるキリスト教神学においても、神への帰依は理性への信頼と重ね合わせられるものだった。

革命的な思考の転換

その理性への信頼にヒュームは異を唱える。分別を欠き、気まぐれで、人を惑わす感情が意志をあらぬ方向へと導きがちなのを、永遠不変の理性が規制し、矯正し、正しい道をさし示すという考えを、非現実的な観念論として斥《しりぞ》ける。イギリス経験論のなかでもヒュームの反理性の立場は群をぬいて徹底したもので、その点ではヒュームは、理性の旗を高々と掲げる西洋哲学の長い伝統にたいして革命的ともいうべき思考の転換を企てた哲学者だった。

理性とは真理と虚偽を見分ける力である。真理であるか虚偽であるかは、実在する観念の関係に一致するかしないか、もしくは実在する存在と事実に一致するかしないかによって決まる。だから、この一致・不一致を受け容れないものはすべて、真理でも虚偽でもありえず、理性の対象とはなりえない。さて、わたしたちの感情や意欲や行動が右にいう一致・不一致を受け容れることがないのは明らかだ。それらは初源の事実であり実在であって、それ自体で完結し、ほかの感情や意欲や行動との関係をまったくふくまないからだ。だから、それらを真理だとも虚偽だとも言明できないし、それらが理性に反することも合致することもありえない。

〔中略〕行動は理性に合致するから価値があるわけでも、理性に反するから非難されるわけでもない。〔中略〕理性は直接に行動に対立することによって行動を妨害したり、承認することによって行動を生み出したりすることはできないのだから、理性は道徳的な善悪の源とはなりえない。〔中略〕行動は称賛や非難の対象とはなるが、理性的だったり非理性的だったりすることはない。称賛や非難の対象となることは理性にかなうかかなわないかとは別のことなのだ。（ibid., pp. 167–168）

わたしたちの日々の経験の主体をなすのは、外界との触れ合いのなかで得られる印象であり、観念であり、快楽や苦痛の感情である。神の絶対支配に背を向けてそのような経験に即っくことは、理性的なるものへの懐疑と否認にまっすぐ通じる試みだった。体と心のかかわる外界の対象と出来事はたえず変化し、それにつれてわたしたちの受けとる印象や観念も大きく、また微妙に変化する。とともに快や不快、苦や楽の気分や感情もたえざる変化と変転に見舞われる。である以上、そこを思考の探究の場と定めたとなれば、哲学の伝統にしっかりと根づく理性に——ことばを変えていえば、永遠の真理もしくは揺るぎない論理に——疑いの目を向けることは当然の道行きといえた。

いまの引用は『人性論』の「第三部 道徳について」からのものだ。話が感情の次元から道徳の次元へと進んで、行動の善悪が問題となるこの段階では、感情のあるがままをそのまま追いかけるだけでは済まず、やや距離を取って前後に目配りをし、経験の流れを追っていく思考作業が求められるのだが、だからこそいっそうヒュームは理性とか合理性といった伝統的な観念がそこに不用意に入りこんでくるのを警戒し、あくまで経験につき従うよう気を引きしめている。

道徳にまつわる経験

では、そのように経験に執着するとき、道徳にまつわる経験はどのようなものとしてとらえられるのか。

「正義」という観念のとらえかたを例にそこのところを見てみたい。

わたしに確かだと思える命題は以下の形を取る。正義の源に位置するのは、人間の利己心と心のせせこましさであり、それと並んで、人間のさまざまな欲求にたいして自然が不十分にしか応えてくれないという事実である。〔中略〕

そこから出てくる第一の帰結は、公益の尊重や強くゆたかな善意が正義の規則を守ろうとする第一の根本的な動機ではないということだ。〔中略〕人びとにそういう善意が具わっていたなら、人は正義の規則を定めようなどとは夢にも思わなかったであろう。

同じ原理からの第二の帰結は、正義の感覚が理性にはもとづかないこと、いいかえれば、正義の感覚が永遠で、不変で、万人を義務づける観念の結合や関係の発見にもとづくのではないということだ。〔中略〕明らかなのは、自分の利益や公的利益への配慮こそが正義の法を確立するのであって、そうした配慮を生み出すのは観念の関係などではなく、まちがいなくわたしたちの印象と感情なのである。

第三にいえるのは、正義の感覚を生み出す印象は人間の精神に生まれつき具わっているのではなく、人間世界の慣習から人為的に生じるということだ。（ibid., pp. 200-201）

感覚や印象や観念や感情や利害の断片が無数に散らばった混沌たる空間のなかで、断片相互の結びつきも一貫した理性や必然性にもとづくのではなく、もっぱら偶然に左右されて生じるような世界、——ヒュームの想定する経験の世界としてそんな場面をイメージすればいいのかもしれない。理性や必然性を経験の世界にもちこめば、そこに首尾一貫した秩序らしきものが生まれて、経験のもつ雑駁《ざっぱく》さが損《そこ》なわれかねない。それはヒュームの強く警戒するところだった。断片がたがいに結びつくことは経験の世界でよく起こることではある。が、それが経験世界の出来事である以上、経験の雑駁さを消し去るような結びつきであってはならない。経験の雑駁さは断片一つ一つの雑駁さであるとともに、断片の結びつきの雑駁さでもなければならない。ヒュームにおける経験論の徹底はそういう突きつめかたとなってあらわれるもので、経験の断片を結びつけるものは、抽象的・一般的な理性や必然性ではなく、これまた経験的な、人間の利己心やせせこましさ、私的利害や公的利害、人為的な慣習などであった。

必然性と経験

それだけではない。一般的・抽象的な理性や必然性をも、経験的な出来事や事実をもとに根拠づけようとするのがヒュームの思考法だった。「必然性の観念」は次のような経験から導かれる。

二つの対象が連続してあらわれるという経験が何回もくりかえされたあとでは、対象の一方があらわれると心は習慣によっていつもそれに付随している対象を考えるよう決定づけられ、最初の対象との関係ゆえにそれにたいする注目度が高くなるのが分かる。必然性の観念を作り出すのは、この印象——心の決定づけ——である。(ibid., p. 154)

二つの対象が似たような結びつきのもとに何度かあらわれると、力と必然性の概念が生まれる。一つ一つの例はそれ自体はたがいにまったく別のものであって、それらを観察し観念へとまとめ上げる心のなかで結びついているだけのことだ。とすれば、必然性とはこの観察の結果であり、心の内的印象以外のなにものでもなく、一つの対象からもう一つの対象へと思考を運ぶよう心が決定づけられていること以外ではない。〔中略〕二つの対象ないし行動がどう関係づけられようと、力の観念や二つのものの結合という観念は生まれない。その観念は結合の反復から生じるのだが、反復によって対象のうちになにかが発見されたり引き起こされたりするのではなく、反復は、一方から他方への移行を習慣化することによって、心に影響を及ぼすだけだ。だから、この習慣的移行と力ないし必然性は同

じことのいいかえなのだ。(ibid., pp. 163-164)

経験から理論や法則へと向かうのが哲学や科学の一般的な道行きであるのに、ヒュームはその道行きに従わず、頑《かたく》なに経験の領域に踏みとどまろうとする。必然性をめぐる右の議論はヒュームのそうした姿勢を大写しにしたものということができる。

必然性といえば、物と物とのあいだにはたとえば原因から結果へといった必然のつながりがあって、一方が起これば それに続いて必ず他方が起こると考えるのが一般の理解だ。たいして、ヒュームはそんな因果の必然性などどこにもないという。あるのは、対象Aのあとに対象Bが起こったという経験の反復のみで、その反復経験が心に影響を及ぼして因果の必然性といったありもしない観念を作り出させたまでだという。

数知れない経験の断片があちこち無秩序に散らばるのが生《なま》の経験世界だとして、ヒュームはそこに踏みとどまり、そこでいえることだけをいおうとする。必然性についても、必然の論理とか関係性とかが目に見えたり耳に聞こえたりするわけではない。見えたり聞こえたりするのは断片Aのあとに断片Bがくりかえし見えたり聞こえたりするという事実で、それ以上ではない。反復の事実を超えてなにかをいおうとすれば、それはもう経験を逸脱することだ。経験の内部にとどまろうとすれば、断片Aのあとに断片Bが起こるという経験のくりかえし、それがすなわち必然性なのだというしかない。

議論をそこまで徹底させれば、必然性の観念を経験の場に引きもどすことは、必然性の観念を解体する試みにほかならないことになる。断片Aと断片Bとのあいだに必然性があるということが、断片Aのあとに断片Bが起るという経験がくりかえされたという事実に等しいとすれば、断片Aが起これば必ず断片Bが起るという必然性など経験世界のどこにもなく、必然性は偶然の積み重ねになってしまう。必然性の土台にあるのが偶然の事実の積み重ねだけだというのは、必然性が必然性ではないといっているに等しい。

自己のとらえかた

経験の現場を離れまいとする姿勢は、自己のとらえかたにも大きく影を落とす。幸福論の帰趨と密接に関係する問題だから、ぜひ触れておかねばならない。『人性論』の「第一部　知性について」の終わりに近く、次のことばがある。

もしなんらかの印象が自己という観念を生み出すものとすれば、その印象は全生涯を通じて変わることなく同一のままに続くのでなければならない。自己とはそんな同一物として実在すると考えられているのだから。しかし、持続的で不変の印象などどこにもない。

苦痛と快楽、悲しみと喜び、感情と感覚は次々と起こるもので、すべてが同時に存在することはない。とすれば、これらの印象からも、ほかのどんな印象からも、自己という観念を導き出すことはできない。したがって、自己という観念はどこにもない。〔中略〕わたしはいかなるときでも知覚なしに自分自身をつかまえることができないし、知覚以外のなにものも観察することはできない。わたしの知覚がたとえば深い眠りによってわずかな時間でも取り去られたなら、そのあいだは自分自身を感じることがなく、自分が存在しないといってもまちがいではない。〔中略〕わたしたちは、目にもとまらぬ速さで次々と起こり、たえず流れ動くさまざまな知覚の束ないし集まり以外のなにものでもない。目の向きが変われば知覚が変わらざるをえないし、思考は視覚以上に変わりやすい。〔中略〕心は、いくつもの知覚が次々とあらわれて、行きつもどりつし、消えてもゆけば、無数の形や位置を取って混じりもする劇場のごときものだ。いついかなるときにも、本当の意味での単純さも同一性も存在しない。

(ibid., pp. 238-240)

引用最後の「単純さ」「同一性」は、単純な自己、同一の自己が存在しないことをいうために選びとられたことばだ。一生を通じて「わたし」と名ざされ、一定の固有名で呼ばれる単純な自己、同一の自己などどこにもなく、あるのは種々雑多な知覚のつらなりだけだとヒュームはいうのだ。

注意すべきは、自己について経験を問題とするときも、ものごとや出来事の必然性について経験を問題とするときとまったく同じように、ヒュームが経験の原像として種々雑多な断片（断片の全体を括《くく》ることばとしてヒュームは「知覚」という用語を採用している）が無秩序に散らばったありさまを思い描いていることだ。そうなると、外界の対象やものごとについての経験と心の内面についての経験とがともども断片として経験世界に散らばることになり、外と内という区別も曖昧《あいまい》にならざるをえないが、あえて経験に外的・内的の区別を設けていえば、外的経験における断片（知覚）の集積が必然性の観念の解体へと向かうのに見合って、内的経験における断片（知覚）のつらなりは自己の同一性の解体へと向かうということができる。外界にも内面にも断片が勝手にぶつかり合い混じり合う混沌の世界が広がっている。それがヒュームの思い描く経験世界の原像だった。

抽象的・一般的な思考への批判

原像を守りぬこうとすれば、理論や法則への道が容易に切り拓かれないことはすでにいった。理論や法則へと向かうことは無秩序に散らばる断片のあいだに一定の秩序を張りめぐらそうとすること、断片相互の関係のうちに必然性を見出したり、断片そのもののうちに同一性や持続性を見出したりすることだからだ。

ヒュームとて理論や法則へと向かう思考が学問の領域や知の領域でそれなりに力を発揮していることを認めないわけではなかった。認めたからこそ、経験を置き去りにして抽象的・一般的な思考が独り歩きするのを事こまかに、また痛烈に批判する『人性論』を書きもしたのだった。

わたしたちの主題たる幸福論にも、経験からの離脱という同じような危険性がつきまとう。『人性論』では幸福論が展開されることも幸福論の批判がなされることもないが、そこには、幸福なるものの、ヒュームの経験論にとっての坐りの悪さが露呈しているといえるかもしれない。

幸福の感覚もしくは感情が、日常の世界でわたしたちが普通に経験する感覚もしくは感情であることに異論はなかろう。「幸福な日々を過ごした」とか「しあわせな人だ」とか「不幸に負けない強さがある」といったことばは日常の経験の内部で自然に受けとめることができる。

しかし、経験の根本要素をなす断片として幸福の感覚もしくは感情があるのかと問われると、そうだとはいいにくく思える。いつともなくあらわれ、いつしか消えていく感覚もしくは感情として幸福はあるというより、少しく持続的で、複合的で、まとまりのある感覚もしくは感情としてあるように思える。幸福かどうかを判断するにはその人の生涯を見とどける必要がある、という古代ギリシャの賢者ソロンの言がなるほどと思えるのも、幸福が一定の長さをもつ持続的な状態にたいして当てがわれる形容語だからだ。断片としてある経験の要素が結びついてまとまりをなし、そこにある種の好ましい性質が認められるとき、幸福だという形容はなりたつからだ。

断片の集合離散は一貫した合理性や必然性にもとづくというより、偶然性に支配されるとするのがヒュームの基本的立場だから、当然ながら、幸福の名をあたえられる断片のまとまりも偶然の要素を排してなりたつとは考えられない。とはいえ、幸や不幸は偶然のなりゆきのままに生じたり生じなかったりするものではなく、そこに人間の意志や意欲が働いている。その意志や意欲の働きをヒュームは偶然的なものと考える傾きが強いが、そういい切れるかどうか。不幸を避け幸を求めようとする人間の意志や意欲に合理性や必然性を認めることは経験に反することなのか。

さらにいえば、一定のまとまった状態としてある幸福は、まずもって、固有の名をもつだれかれの幸福として意識される。ソロンの名言も、リュディアの王クロイソスが自分こそは世界一幸福な男だと認められたくてソロンに問いかけた問答のなかにあらわれたものだった。

幸福が一個の人間にまつわるありさまとしてあることは、クロイソスにもソロンにも前提として踏まえられた事柄だった。

そういう同一の自己をヒュームは否定する。固有名詞をもって呼ばれる一人の人間が持続的な個として存在することを否定する。持続的な個として想定されるものは、実はさまざまな印象の偶然のつらなりにすぎないと考える。自己という実体が同一の存在として持続するのではなく、ばらばらな破片が一なるものと想定された生命体のもとにくっついたり離れたりするのをかりに自己と名づけたというにすぎない。生命体をつらぬく軸として自己があるのではなく、あらわれては消える断片のつらなりがかりに自己と名づけられているにすぎない。

幸福論への困難な道筋

自己に、本来の意味での同一性も持続性もないとすると、幸福といった概念を想定することがきわめてむずかしくなる。一定期間持続する個人の存在があって、その生きかた、ふるまいかた、心のもちかたが当人から見て、あるいは他の人間から見て、それなりに納得のゆく、充実したものに感じられるとき、それが幸福なるものの原型だと考えられるからだ。ヒュームの経験論では幸福の土台となるべき自己の同一性もしくは持続性が経験的に根拠づけられないものとされるから、幸福も経験的に根拠づけるのがむずかしい。幸福や不幸と類縁性のある身体的な快楽と苦痛は原初の感覚だとされるから、その快楽と苦痛を出発点として幸や不幸へと向かう手立てが考えられなくはないが、身体的な快楽と苦痛がほんの一時の感覚であり、移ろいやすいものであることを考えると、そこから幸福の経験に至る道はけっしてたどりやすくはない。

それはそうだが、イギリス経験論を哲学史上の大きな流れの一つとしてとらえると、その思潮は幸福論と相性が悪くはなかった。ヒュームの『人性論』を相手としたこの節では、わたしたちは、経験の根幹をなす感覚や感情から幸福の論へと向かう道筋のたどりにくさを強調することになったが、では、ヒューム以外の経験論者において幸福はどのように考えられたのか。以下、アダム・スミスとジェレミー・ベンサムの所説のうちに幸福論への接近のさまを見ていきたい。

2　共感と道徳秩序――アダム・スミス

『道徳感情論』

アダム・スミス（一七二三―九〇）は『国富論』を著したイギリスの古典派経済学者とし

て広く知られた人だが、ここではまず、かれのもう一つの主著『道徳感情論』を取り上げる。スミスが、『国富論』に劣らず情熱を注ぎ、死の直前まで何度も改訂増補を行なった著作である。

その第一部第一篇第一章は「共感について」と題され、冒頭には次のような文章が置かれる。

人間をどんなに利己的なものだと想定したとしても、人間の本性のなかには、他の人びとの運・不運に関心をもたせ、他の人びとの幸福が、それを見るという快楽のほかそこからなにも引き出せはしないのに、それが自分にとって必要なものだと感じさせるいくつかの原理が明らかに存在する。哀れみまたは同情、すなわちわたしたちが他の人びとの悲惨を見たり、それを生き生きと心に描いたりするときに感じる情動がそれだ。わたしたちがしばしば、他の人びとの悲しみを見て自分も悲しくなることは、証拠となる例を挙げるまでもなく明らかだ。この感情は、人間の本性にもとから具わる他のすべての根本情念と同じく、徳のある人道的な人だけがもつものではない。そういう人はおそらくもっとも鋭い感受性をもってそれを感じるのではあろうが、最大の悪人、社会の法のもっとも無情な侵犯者といえども、そのような感情をまったくもたないということはない。(Adam Smith,

The Theory of Moral Sentiments, Oxford University Press, 1976, p. 9)

道徳とは善か悪かという価値判断にかかわる心の動きを主題とする。いま冒頭の一節を引用したスミスの主著は、その道徳について論じた書物だ。その書物が「道徳感情論」と銘打たれ、第一部第一篇第一章の標題が「共感について」と名づけられる。そこには、道徳に取り組むスミスの姿勢が明確に示されている。

まずは、書名の「道徳感情論」だ。

スミス

善と悪にかかわる道徳は超越的な神と関係づけて宗教的に論じられたり、究極の善人像や悪人像の構想をも視野のうちに置いて形而上学的に論じられたりすることも少なくないが、道徳を道徳感情の問題として論じるスミスの目は、宗教からも形而上学からも離れて、人びとの日常的な感情の動きに目を据えて論を進めていこうとする。その意味ではスミスはヒュームと同様、イギリス経験論の流れに確実に棹さす知識人だ。かれのいう道徳感情は道徳感覚といってもさほどに意味のちがいはない。人びとはごく卑近な日常生活のなかで道徳感情ないし道徳感覚を生きていて、それこそが社会に広がる道徳観や道徳律や道徳判断の土台となる。アダム・スミスはそう考える。

共感とはなにか

その『道徳感情論』の初《しょ》っ端《ぱな》に来るのが「共感」だ。英語では“sympathy”、「感情（pathy）」を「共に（sym）」することを原義とすることばだ。

感情を共にするには、共にする相手が必要だ。そして、その相手は物ではなく、人だ。共感とはだれかと感情を共にすることだ。スミスは道徳の土台が道徳感情という日常の心の動きにあると考え、その感情がだれかと感情を共にする場でなりたつと考える。

だれかと感情を共にするという以上、その場は一人だけの世界ではありえない。自分以外のだれかが共に生きる世界でなければならない。しかも、共に生きる人びとはたがいに無関係ではありえない。各人はばらばらにそれぞれの世界を生きるのではなく、なんらかの関係をもって世界を生きているのでなければならない。複数の人間が生きる世界でも、各人がぽつんぽつんと孤立して生きていてはだれかと感情を共にするという心の動きは生まれない。感情を共にできるのは、まわりのだれかとなんらかのかかわりをもって生きているからだ。

さきに引いた『道徳感情論』冒頭の一節には「共感」の類語として「哀れみ」（原語は

"pity")や「同情」(原語は"compassion")といったことばが出てきて、それについて「他の人びとの悲惨を見たり、それを生き生きと心に描いたりするときに感じる情動」と説明されているが、そうした情動の成立する場として、複数の人間がなんらかのかかわりをもって生きている世界が想定されているのはいうまでもない。

さて、複数の人間がなんらかのかかわりをもって生きている世界とは、特別な場所に特別の意図や計画をもって設《しつら》えられた世界ではなく、人間が集まって暮らすところにおのずと出来上がる社会のすがただ。そういう社会は太古の昔から人間にとって親しく、身近なものとしてあったはずだ。近代社会では人間が個としておのれに向き合う場面が多くなり、思想の領域でも個を単位として世界を構想する思考法が説得力をもってきた。そして、個としての人間のありかたや個のもつ世界が価値あるものとして考察の対象となり、いまもそれが重要な対象たりうることに変わりはないけれども、日々を生きるわたしたちの日常感覚からすれば、個の存在や個の世界が一定の抽象性を帯びた存在であり世界であることは否定できない。にもかかわらず、個としての人間のありかたに強い関心を抱き、個としての生きかたを価値あるものと考える近代思想は、個を基本単位として人間世界を構築しようとした。

道徳と日常の暮らし

共感を道徳感情の土台に据えるアダム・スミスの道徳論は、個を基本単位とする近代思想とは趣きを異にする論法を取るものといえる。道徳のなりたつ場が個の存在の内部にあるのではなく、個と個のかかわる集団のうちにあるとするのだから。アダム・スミスにとって、道徳ないし道徳感情は、個が単独の個としてある抽象の場でとらえられるべきものではなく、個と個がたがいに行き来し、濃くまた淡く、近くまた遠い、さまざまの関係を結ぶ日常の場でとらえられねばならないものだった。

大胆にして斬新な場面設定だといわねばならない。個がみずからの内面で思いめぐらす観念やら良心やらのうちに道徳感情が芽生えるのではなく、人びとが出会い、顔を見合わせ、ことばを交わし、ときに意気投合し、ときに反発し対立する日々の暮らしのなかでこそ道徳感情は芽生えるとスミスは考える。ここでは、個々の経験が人びとにとって自然な、身近なものとして肯定されているだけでなく、人びとの共に暮らす社会が、人びとにとって自然な、身近なものとして肯定されている。人びとの集まって織りなす社会が人びとをゆたかにし、人間らしくするものとして肯定されている。社会へのそのような肯定感を率直に表明したことばとして、たとえば次のような一節がある。

精神がどんなに混乱しても、一人の友人さえその場にいれば精神が一定の平静と沈着を取りもどせないようなことは、めったにない。わたしたちの胸は、友人がそばにいるというだけで、ある程度なだめられ、和らげられる。わたしたちはすぐにも、自分の状況を友人がどう見るかに思いが行き、かれと同じ見かたで自分の状況を見始める。共感の効果は即効性があるからだ。わたしたちは、普通の知人にたいしては友人ほどの共感は期待しない。友人相手なら事こまかに説明する事情を、普通の知人には明かさない。普通の知人を前にしているときのほうが平静をよそおう度合いが大きく、こちらの状況についてかれが考えたがっている一般的輪郭にこちらの思考を合わせようと努力する。見知らぬ人びととの集団となると、共感の期待はさらに小さくなる。かれらの前では平静をよそおう度合がさらに大きくなり、自分の所属する特定集団がこちらに歩調を合わせてくれると期待しうる程度にまで自分の感情を低くしようと努力を重ねる。しかも、事は外観をよそおうという域にとどまらない。わたしたちに自分を統御する力があるのなら、たんなる知人がそこにいるのは友人がそこにいる以上にわたしたちの心を和らげるし、見知らぬ人びとがいるとなると、たんなる知人がいるよりもさらに心を和らげることになる。(ibid., pp. 22-23)

社会はやや高い位置から俯瞰《ふかん》すれば、雑多な人間があちこちで集合離散をくりかえす動の空間としてイメージされるだろうが、そこに生きる一個人の位置に身を置くと、生い立ちや性格や趣味やものの見かたのよく分かる親しい友人が何人かいて、その外に名前が分かり、人柄や経歴や現在の境遇も多少は分かる数十人ないし数百人の知人がいて、さらにその外に無数の見知らぬ人びとの塊がある、といった構図が浮かび上がる。俯瞰図がやや抽象的・理論的な図であるのにたいして、一個人から見た社会は多少とも人間的な温《ぬく》もりの感じられる構図であるといえるだろう。道徳ないし道徳感情の育《はぐく》まれる場としてスミスが設定するのは、人間的な温もりの感じられる身近な社会だ。

その身近な社会のなかで、社会の温度に見合った平静で沈着な生きかたをすることによって道徳的な感情や感性が育まれるとスミスは考える。特別の才能、特別の思想、特別の意志などなんの必要もない。友人に囲まれ、知人とつき合い、見知らぬ人びとに交じって生きる。そのなかでたがいの心が通い合うように生きる。少なくとも人の心を逆撫《さかな》でしないようにして生きる。それが、スミスにとって、人びとに――社会に――共感することであり、人びとに――社会に――共感を求めることにほかならなかった。社会を生きることがそのまま共感の経験を積み重ねることであり、共感の感覚を身につけることだった。社会に生きることがおのずと道徳感情の根幹をなす共感の育成に通じるのだとすれば、道徳をめぐる人為的な教育や訓育の類《たぐい》は必要がなく、平静に、沈着に社会を生きることがすなわち人を道徳的にする教育そのもの、訓育そのものだった。

幸福と日常の暮らし

以上、共感という心性を媒介にして道徳と日常の暮らしが接近するさまを見てきたのだが、その接近に呼応するかのように、幸福と日常の暮らしもまたがいに近しいものとなる。さきほどの引用のすぐあとに以下のことばが来る。

精神がなにかの都合で不幸にも平静さを失ったとして、社交と会話はそれを取りもどすもっとも強力な救済手段である。とともにそれは、自己満足と楽しみを得るのに必要とされる、落ち着いた幸福な気持の最善の維持手段である。悲嘆や憤慨に見舞われたとき、家に坐してくよくよ考えがちな隠退と思索の人は、しばしば人間愛、寛容、立派な名誉心に秀《ひい》でているかもしれないが、それでも、世間慣れした人びとが普通に備えている、気持ちの安定感をめったにもっていないのである。(ibid., p. 23)

「社交と会話」が「家に坐してくよくよ考え」ること、あるいは「隠退と思索」に対比されている。そして、「平静さ」や「落ち着いた幸福」や「気持ちの安定感」を取りもどし、維持するには、一人になって考えるよりも人と気楽に交わるほうが有効で価値あることとされている。

日々の暮らしのなかで人びとはさまざまな動きをしているが、その動きを他人とのつながりという観点から整理してみれば、少数の人と、あるいは多数の人と、親疎・遠近・濃淡さまざまなつながりをもつ場面と、そういうつながりを脱して自分一個の世界に立ちかえり、沈黙のなかで内省し思索を重ねる場面とに大別することも可能ではあろう。スミスの用語でいえば、前者が「社交と会話」であり、後者が「隠退と思索」に当たることになるが、そう区別した上でスミスは前者が後者よりも人間的なこと、人間にふさわしいことと考えるのだ。共感こそが道徳感情の根幹をなすという人間のとらえかたは、社交と会話こそが幸福の最上の力であるという人間観ないし社会観と通い合うものとしてあった。

もし、人間という被造物が、ある孤独な場所で、他の人間となんの交流もなしに成長し、成年に達することが可能だとすれば、かれは自分の顔の美醜について考えられないのと同様、自分の性格について、自分の感情と行動の正しさと欠陥について、自分の精神の美醜について、考えることができないだろう。〔中略〕そのかれを社会のなかに連れてこよう。そうすればかれは、ただちに、前にはもたなかった鏡をあたえられる。かれとともに生活する人びとの顔つきと態度が鏡の役割を果たすので、かれらがいつかれの感情のなかに入りこむか、いつかれの感情を否認するかが、かれらの顔つきと態度のうちにつねに表示される。他人という鏡を前にして初めて、かれは自分の情念の正と不正、自分の精神の美醜をながめるのだ。生まれてこのかた社会に縁なき人にとっては、情念の対象こそが――快と不快の原因となる外的物体こそが――注意力のすべてを奪うものとなる。それらの対象によってかき立てられた情念――欲求ないし嫌悪、歓喜ないし悲哀――は、なににもましてもっとも直接にかれにあらわれはするが、かれの思考の対象となることはめったにない。それらの観念がかれの注意深い考察を呼び起こすほどに関心を引くことはない。歓喜についてのかれの考察が新しい歓喜をかき立てることはないし、悲哀についての考察もなにか新しい悲哀をかき立てはしない。そのかれを社会のなかに連れてこよう。そうすれば、かれ自身の情念のすべては、ただちに新しい情念の原因となるだろう。かれは、人類がある情念を是認し、他の情念を不快に思うことを観察するだろう。是認されれば気持が浮き立ち、不快に思われれば力を落とすことになる。かれの欲求と嫌悪、歓喜と悲哀は、いまや、新しい欲求と新しい嫌悪、新しい歓喜と新しい悲哀の原因ともなるだろう。したがって、それらはいまや、かれの深い関心を引くだろうし、かれのもっとも注意深い考察を呼び起こしもするだろう。(ibid., pp. 110-111)

人間が他人のなかで他人とともに生きていく社会的動物であることは、もの心ついた人間ならだれしもが抱く実感だ。他人のことが気にかかり、ときに抑え切れないほどに人恋しさが募り、ときに人の存在が耐え切れないほどに厭《いと》わしく思えるのが人間の暮らしのありようだ。右のスミスの文はそうした人間の生きざまを他人との感情の交流という面から明らかにしようとしたものだ。

なにより目を引くのは、他人との交流なくしては人間の感情が——延《ひ》いては人間の思考や判断も——外へと広がっていく可能性がないとされていることだ。人間の心の動きをかりに知・情・意の三つに分けて考えるとすれば、知も情も意も社会のなかで、他人との交わりのなかで芽生え、成長し、発展していくというのが、スミスの人間観の根本をなす。いや、心の動きだけではない。『道徳感情論』でははっきりそうといわれているわけではないが、論の赴くところ、人間の体の動きも社会のなかで、他人との交わりのなかで芽生え、成長し、発展していくというのがスミスの確信だったと思える。

さきの引用文中に、頭のなかだけの観念的実験に近いものとして、「孤独な場所」とか「生まれてこのかた社会に縁なき人」とかが設定されている。いかにも寂しげな、寒々とした、空疎な、生命力の乏《とぼ》しい場所であり、人だ。力のこもらぬ、素っ気ないその記述法からして、そんな場所や人をスミスが実際に見たのではなく、社会のなかで他人とかかわって生きている人びとの物質的・精神的な生活の全体から社会的要素をぬき取った抽象的な像がそこに提示されたと考えられるが、その像の貧相さ、無気力さ、味気のなさがかえって、スミスのとらえる人間が社会のなかでこそ物質的にも精神的にもゆたかに生きる存在であることを思わせる。社会と縁のない孤独な生活とは、スミスにとって、生の可能性を大きく封じられた、非人間的な生活にほかならなかった。

共感を道徳感情の根幹に置き、人びとのなかで人びとと共に生きることが道徳的に生きることだとするスミスの議論は、こうして、共に生きていくことが人間的にゆたかな生きかたであり、生き生きとした、幸福な生きかたであるというところまで視界を開いていく。人とつながり、人と交わり、人と共感することは、人間として正しく生きていくことに通じる道であるとともに、人間としてしあわせに生きていくことに通じる道でもあった。共感の感覚をしっかりともちつづけ、共に生きる人びとの顔つきと態度を鏡としておのれの生きかたを見直し調整し按配していくなかで、人の暮らしは道徳性と幸福の度合いをともども高めていくと考えられた。

共感という感情は社会的動物たる人間に生まれつき具わっていて、他人とともに生きるなかでおのずと共感の幅が広がり、奥行きが深くなるとスミスは考え、加えて共感の拡大・深化の延長線上に幸福があると考えるから、人は社会のなかで他人とつながって生きることによっておのずと幸福に近づいていくことになろう。

そういう楽天主義が『道徳感情論』に底流しているのは確かだが、その一方、日常の具体的な場面で、楽天的な人間観を裏切るような不幸な事例があちこちに見てとれるのも確かで、スミスとしては楽天的な人間観を大前提としつつ、幸福を確実なものとする意識的・積極的な情念への対処のしかたをも考察の対象とせざるをえなかった。

その考察が、たとえば以下の引用文では、情念の凡庸さといった観念を呼び出すことになる。

わたしたちと特別な関係にある対象によって情念がかき立てられる場合その情念が、観察者のついていける程度の、適切なものであるためには、明らかに、情念がある種の凡庸さを備えていなければならない。情念が高すぎたり低すぎたりした場合、観察者はそのなかに入りこむことができない。たとえば、個人的な悲運と侵害についての悲嘆と憤慨は容易に高すぎるものとなりうるし、実際、人間の感じる大半の悲嘆と憤慨はそうだ。それらは低すぎることもありうるが、そちらの例は少ない。わたしたちは度の過ぎたのを柔弱あるいは狂暴と名づけ、度の不足を愚鈍、無感覚、無気力と名づける。わたしたちはそれらのどれにも入っていけないので、それらを見ると、驚き、当惑する。
しかし、情念が適切かどうかの決め手となる凡庸さは、情念ごとにちがいがあって一律ではない。非常に強く表現するのは不謹慎だとされる情念があるし、また、〔中略〕最強の表現がきわめて品位あるものとされる情念もある。〔中略〕前者は、なんらかの理由で共感をほとんど呼ばないか、まったく呼ばない情念であり、後者は最大の共感の寄せられる情念である。わたしたちが人間の生まれもつ情念のすべてを考察するなら、それらに寄せられる共感の気持の大小に比例して、情念の礼儀正しさ、不謹慎さが決まってくるのが分かるだろう。(ibid., p. 27)

共感の気持はもともと人間に具わっていて折に触れておのずとわき起こってくるものだが、いつも同じように起こるわけではない。わき起こりかたに大小があって、こちらの情念が多くの共感を呼べばそれは適切な、礼儀正しい情念であり、共感を呼ばなければ不適切な、不謹慎な情念である。そうスミスは考える。

目を引くのは、情念の適切・不適切を計る尺度として「凡庸さ」がもってこられ、凡庸な情念こそが適切な、礼儀正しい情念であり、強すぎたり弱すぎたりする情念は不適切で不謹慎な情念とされていることだ。一般的にいって、情念ないし感情の名で呼ばれるものは、人によって高く、また低く、一人の人間について見ても、場面の変化にともなって高低の差が大きく、社会的にも個人的にも波立ちの激しいものだが、スミスはそこにあえて凡庸さという尺度をもちこみ、凡庸な情念を求めるところに人間相互の共感の広がりがあり、社会を生きる幸福があるとする。日々の暮らしと、そこでの人びととのつき合いのさまを見ると、凡庸な情念が坦々と行き交うのがつねなる状態とは到底いえないが、あくまで日常の暮らしに即して人間のありかたを問うスミスの観察眼は、だからこそかえって人の心を引くものがある。ややもすると過大に、また過小になる情念をやんわりと抑え、凡庸な情念がなだらかに行き来する人づき合いのうちに暮らしの基本があると考えること、――それは道徳論としても幸福論としても、けっして凡庸なものの考えかたではない。

『国富論』

以上、共感の概念を媒介にして道徳感情が幸福へとつながるさまをわたしたちは見てきたが、次に、経済学者アダム・スミスが人間の経済的な活動のなかに幸福をどう位置づけたかを見ていきたい。取り上げるテキストは、一七七六年、イギリスの産業革命の真っ只中に刊行された『国富論』である。

周知のように、『国富論』は分業の分析をもって始まる。「分業」と題された第一章の冒頭

には、

労働の生産力をもっとも大きく向上させたのは分業の結果だし、各分野の労働を指揮し活用する技能や技法もかなりの部分が、分業の結果として得られたものだと思える。(Adam Smith, *An Inquiry into the Nature and Causes of the Wealth of Nations*, The Modern Library, 1937, p. 3)

ということばが置かれ、すぐ次にピン(裁縫用の待針《まちばり》)の製造における分業のありさまが具体的に述べられる。

わたしは小さなピン製造所を見たことがある。〔中略〕とても貧しい作業場で、必要な機器もわずかなものしか備わっていなかったが、それでも懸命に働けば、一日に約一二ポンドのピンを製造できた。一ポンドの重さというと中型のピンなら四〇〇〇本以上になる。だから一〇人の作業員で一日に四万八〇〇〇本以上、一人当たりにすれば、一日に四八〇〇本を製造できる計算になる。しかし、一〇人が一人一人別々に働くとすれば、そして、それぞれがピン製造の技能を身につけていないとすれば、一日に二〇本を作ることはとてもできないし、おそらく一本を作ることすらできないだろう。つまり、作業を適切に分割し組み合わせたためにできていることの二四〇分の一もできるはずがないし、おそらくは四八〇〇分の一すらできないはずである。(ibid., p. 5)

分業によって一人当たりの生産量が二四〇倍に跳《は》ね上がるというその数字には、やはり驚きを禁じえない。自分で計算したスミスも、結果として出てきた数字には驚いたのではなかろうか。

分業というもの

その数字がほかの製造業についても同じようにはじき出せるとは思わなかったろうが、数字にちがいはあれ、分業が社会の全体にわたって製品の生産量を飛躍的に向上させていることは、イギリスのみならずヨーロッパのおもだった国の経済事情にも通じていたスミスには、理論の上でも実感としても疑いようのない事実だったにちがいない。疑いようのないその事実をもとに、スミスは、一八世紀後半の現下の社会について次のようなイメージを抱くようになっていく。

分業の結果、すべての産業部門で生産量が大幅に増加し、もって、政府がしっかりしている社会では国民の最下層までゆたかさが広く行きわたるようになる。働く人はみな、自分が必要とする以上に大量な品物を生産し、処分できるようになっている。そして、働く他人もみな同じ状態になっているから、自分の生産した大量のものを、他人の生産した大量のものと交換できる。〔中略〕人はみな、他人が必要とするものを大量に供給でき、自分が必要とするものを大量に供給されるので、社会のすべての層にゆたかさが行きわたっていく。(ibid., p. 11)

ピン製造所での分業は、針金をまっすぐに伸ばす作業、切る作業、先をとがらす作業、ガラスの頭を作る作業、頭を針につける作業、出来上がったピンを紙に包む作業、等々に細かく分かれるが、スミスが右の引用文のように、分業を社会のゆたかさと関連づけて大きくとらえるとき、商品経済の進んだ社会において食糧の生産は農業が分担し、衣服の生産は紡績業や織物業や縫製業が分担し、住居の建設は土木業や建築業が分担するといった、社会的分業の進展も視野に入っていた。一製造所内での仕事の細分化としての分業をも、さまざまな職業のあいだで半ば無意識のうちにおこなわれる社会的分業をも広く見わたした上で、スミスは分業の起源を——分業がどのようにして成立したかを——問う。

分業はこのようにきわめて大きな利得を生み出すものだが、分業が始まったのは、知慧のある人がこうすればみんながゆたかになると見通して計画したからではない。こんなに大きな利点があるとはだれも考えてはいなかったが、人間にはものを取引し交換し合う性質があり、その結果、ごくゆっくりとではあるが、必然的に分業が進んできたのだ。

〔中略〕

取引し交換する性質がなければ、だれしも自分の求める必需品や利便品をすべて自給していたはずだ。全員が同じ任務をかかえ、同じように働いたはずで、能力の大きなちがいをもたらすほどの職業のちがいは生じることがなかっただろう。ものを交換し合う性質こそが、職業がちがう人のあいだでこれほどめだつ能力のちがいを生み出しているのであり、そして、この性質があるからこそ、各人の能力のちがいがたがいに役立つものとなっているのである。〔中略〕動物はいまなお一匹ずつばらばらに自力で生き、自分を守るしかなく、同じ種のなかにある天与の能力の多様性を活かすことができない。これにたいして人間は、能力の大きなちがいをたがいに役立てることができる。取引と交換を行なう人類共通の性質によって、各人がそれぞれの能力を活かして生産したものを、いわばみんなが共用でき、各人が必要に応じて購入できるのである。(ibid., pp. 13

-16)

分業が広い視野のもとにとらえられていることはすでにいった通りだが、分業の起源たる、取引と交換を行なう人間の性質は、さらに広い視野のもとにとらえられていることを見のがしてはならない。動物には取引し交換する性質はないが人間にはそれがある、といういいかたからして、取引と交換を人間の本質と見なす考えを示すものだ。人間が人間として生きるそもそもの始まりからそれは人間のうちに働くと考えられている。

そう考えると、『道徳感情論』において共感が人間の感情の根幹をなすのに見合って、取引と交換は『国富論』において人間の経済活動の根幹をなすものとして提示されていると思える。共感が人と人とのあいだに成立する社会的感情であるのに見合って、取引と交換は人と人とのあいだに成立する社会的行動だ。人間が本来、孤立した一個人ではなく、寄り集まってたがいに関係しつつ生きる社会的存在であることが、ここでもしっかりと踏まえられている。社会的存在である人間の、感情面での土台となるのが共感であり、行動面での土台となるのが取引と交換であるかのごとくだ。

そして、感情面での土台たる共感が人間と社会をともどもゆたかにする積極的な感情であったのに照応して、行動面の土台たる取引と交換の行為は、とりわけ物質的に人間と社会をゆたかにする積極的な行為だった。引用文末尾の、「各人がそれぞれの能力を活かして生産したものを、いわばみんなが共用でき、各人が必要に応じて購入できる」という文言に、取引と交換の積極性と有効性がしっかりと表現されている。

都市と農村の商取引

この積極性と有効性をスミスが社会のあらゆる場面で見てとっていることを示す例証として、都市と農村の商取引——ここでは、都市と農村の分業といういいかたもなされているが、——その商取引ないし分業について述べた一節を見ておきたい。

どの文明社会でも、規模の大きい商取引は都市の住民と農村の住民とのあいだのものだ。この商取引は、土地の生産物と製造業の製品とを直接に交換するか、通貨を介して、または通貨として使われる紙幣を介して交換するものだ。農村は都市に生活手段と製造業の原材料を供給する。都市は、加工した製品の一部を農村の居住者に送り返すことによってその代金を支払う。都市は物資を再生産しないし、することができないから、富と生活必需品をすべて農村から得ているといってまちがいないだろう。だが、だからといって、都市が得た分だけ、農村が損をするなどと考えてはならない。都市も農村もたがいに利益をあたえ合っている。どのような分業にもいえることだが、都市と農村の分業も、分化したさまざまな職業のうちのどれで働く人にとっても有利なのである。(ibid., p. 356)

二一世紀を生きるわたしたちの目から見れば、牧歌的な社会賛歌といえなくもない都市と農村の調和的発展のさまだ。貧富の差の拡大、大都市への人口と政治・経済・文化活動の集中、地方の過疎化と活動の停滞、といったことばであらわされる状況とは似ても似つかぬ調和と協同と安定の社会像がここには提示されている。

スミスの時代から二百数十年を経過した現在の時点に立ってスミスの社会像の危機意識の稀薄さ、読みの甘さを批判するのはたやすい。が、のちの時代を知る者の安易な批判は歴史を見る目を鍛えないし、歴史意識を高めない。必要なのはむしろ、資本主義の興隆期を生きたスミスの歴史意識に可能なかぎり接近しつつ、その歴史意識が時代の歴史と交錯するさまに目を凝《こ》らすことだ。スミス以後の歴史をもち出してきてスミスを批判するのではなく、スミスの社会像のよってきたるところを問いただし、その思想的意味を明らかにすることだ。

社会の進歩

牧歌的ともいえるスミスの社会像の骨格をなすのは、取引と交換にもとづく人びとの経済活動が社会の富、および国家の富を大きくし、その富が人びとに行きわたって人びとの生活をゆたかにするという事象だ。その事象は、小はピン製造所での分業から、大は都市と農村の分業までをつらぬいて広く社会を覆《おお》うものだったが、スミスはそれを現下の社会に特徴的な事象と見るだけでなく、長い人間の歴史がそのような富の増大を実現する流れとしてあることにも目を向けた。スミスの経済学は現在の社会を視野におさめるというにとどまらず、時間をさかのぼって過去の歴史をも視野におさめようとするものだった。

たとえば、イングランドの土地と労働の年間生産物は、一世紀少し前の、王政復古でチャールズ二世が即位したとき〔一六六〇年〕と比べて、明らかに大きく増えている。〔中略〕さらに、イングランドの土地と労働の年間生産物は、王政復古のときのほうが、それよりほぼ一〇〇年前、エリザベス一世の即位のとき〔一五五八年〕の推定量に比べて、明らかに大きく増えている。そしてエリザベス一世のときのほうが、それより一〇〇年前、ヨーク家とランカスター家が戦ったバラ戦争〔一四五五―八五年〕の末期より、イングランドの産業ははるかに発達していたと信じる理由が十分にある。おそらく当時ですら、ノルマン人の征服〔一〇六六年〕の頃より産業が発達していただろうし、ノルマン人の征服の頃にはサクソン七王国〔五―九世紀〕の混乱の時代より発達していただろう。そして、この古い時代ですら、ユリウス・カエサルが侵攻した紀元一世紀よりははるかに発達していた。カエサル侵攻の時代には、イングランドの住民は北アメリカの未開人とあまり変わらない状態だった。(ibid., p. 327)

社会の進歩という考えが経済活動のなかからおのずと浮かび上がってくるのを、正直にことばにしたような文章だ。目の前に進行する産業の拡大と多様化、それにともなう生産物の飛躍的な増大が、社会のゆるぎない進歩のイメージを人びとの脳裡に刻印する。そして経済学者スミスは進歩の社会的経験を人びとと共有しつつ、その進歩のイメージを過去の歴史にまで押しおよぼそうとしている。西洋の近代思想は、大陸の合理論にしても、イギリスの経験論にしても、進歩の観念と深く通い合うものだったが、産業革命の興隆期は社会の動きが進歩をさながらに体現する時代といってよく、その時代に生まれて時代とともに歩もうとする『国富論』には、進歩の観念の、いうならば純粋無垢のすがたが示されている。西洋近代思想の大成者たるヘーゲルは堂々たる進歩の思想家だったが、そのヘーゲルと比べても、スミスの進歩の観念はいっそうの晴れやかさをもつように思われるのだ。

改めていえば、スミスの心をとらえた進歩の観念は、産業革命期の、機械の発明と技術の開発がもたらした工業生産物の飛躍的増加、という社会現象に支えられた理念だった。機械の発明と技術開発、都市と農村における、また、工場内部における分業の拡大・深化、大量の生産物の国内外での流通、そうしたさまざまな動きを大きく経済活動の名のもとにくるとすれば、その多くはスミスが身近な出来事として日々に経験するものにほかならなかった。年間生産物を数量化したり、分業のしくみを理論化したり、物品の流通経路を追跡したり、政府の経済政策の是非を論じたりするのは、日常の経験を超えた高みに立って経済活動の全体を知的に見わたす作業だが、知の対象となる個々の活動や事象は、イギリス経験論が思考や認識や感情の根底に置く生《なま》の経験に近いものだった。

社会的存在としての人間

身近に経験される疑いようのない出来事として、生産や流通や消費にかかわる人びとのさまざまな経済活動がある。その活動は人間のどのような性質によってなりたつのか。スミスはそう自問し、活動の土台をなす人間の普遍的本質として取引と交換という性質を抽出してくる。そこには、道徳感情の土台に共感を置くのと相似た、スミス独自の思考の流儀が見てとれる。単一の個人の内部で完結する心身の動きではなく、他人とのつながりなしにはなりたちようのない心身の動きのうちに経験の原基を求めようとする流儀だ。共感もそうだが、取引と交換も人間が他人と切れたところに一人で生きている場面ではなりたちようがない。

人が人とともにあり、人とつながってある、というのが、人の生きる根本のすがたとしてスミスに見えていたものだった。そして、人と人との実質的なつながりは、人が生きていくのに必要な多種多様の物資を生産する経済活動を通じて、時とともに外へと広がり、内実がゆたかになる、――過去と向き合ったスミスの脳裡に浮かぶ、それが歴史のイメージだった。

感情についての考察においても、経済についての考察においても、人間が他人とつながって生きる社会的存在だ、というのがスミスの基本的なものの見かただった。ぽつんと一人あって自問自答する人間ではなく、大小さまざまな集団をなす社会のなかにあって、人と心を通わせ、人とことばを交わし、人と行動を共にし、また対立もするのが、人間の生きる基本のすがただった。

人間をそのように社会的存在ととらえるとき、その人間はもはや幸福論とさほどに縁遠い存在ではない。五官のとらえる印象や、身体的な快不快を原初の感覚とし、それら断片的な感覚のつらなりとしておぼろげに一個体の形を取りはするものの、雑多な断片をつらぬく自己同一性は成立の危ぶまれるヒューム流の人間にあっては、その存在の持続性と統一性が稀薄であるがゆえに幸不幸のものさしの当てようがなかったが、社会的存在としてとらえられたスミス流の人間は、その社会的関係が一定の持続性と統一性を備えているがゆえに、幸不幸のものさしを当てるのがむずかしくはないのだ。

感情の社会的関係についていうと、関係の土台をなす共感が一定の持続性と統一性をもって人びとを結びつける働きをなすことは、わたしたちの身近に経験するところだ。一個人の感情は浮き沈みが激しく、気まぐれで、頼りなく思えることが少なくないが、その感情が共感という形で他人とつながると、つながっていることが感情に安定感をもたらす。その安定感は他人とつながる心の安らぎを合わせふくむものだから、その他人に悪意を抱く特別の事情でもないかぎり、共感を大きくしていこうとするほうに心が動く。そういう心の動きが日々の生活の幸福ないし幸福感と結びつくことは見やすい道理だ。

経済活動という社会的関係の持続性と統一性については、あえて説明するまでもあるまい。未開の時代から取引と交換は一回限りで終わるものではなく、以後も続くものとして、少なくとも続く可能性のあるものとして、行なわれた。取引と交換を基礎とする経済活動も、当然のこと、持続する、一貫した活動であることが期待された。技術の改良も、効率の向上も、生産量の増加も、活動の持続性と統一性を前提として初めて可能となったのだった。活動が物質的生活を支える不可欠の要素であり、物質的生活がゆるぎなく続くことをだれしもが強く求めている以上、それが一定の形式を保って持続することは、活動に関係するすべての人の当然視する事柄であった。すでに述べたスミスの楽天的な進歩主義思想も、経済活動の持続性と統一性をぬきにしては成立しようのないものだった。そして、楽天的な進歩主義が、人間の社会生活を幸福なものと見なす社会観と根を一つにするものであることはいうまでもない。『道徳感情論』も『国富論』も、幸福を主題とする書物ではないし、幸福を目標に掲げる書物でもないが、人間をその社会性においてとらえる人間観ないし社会観は幸福論への門戸を大きく開くものだった。人間が他人とかかわって社会を生きることは、感情面においても行動面においても、幸福の可能性を秘めた営みだという確信がスミスにはあり、その確信が二つの主著を明るく開かれたものにしたのだった。

3　カントとベンサム

この世を生きる人間のもつ個々ばらばらな経験を離れまいとしたため、幸福の論へと至るのがむずかしかったヒュームから、個の経験のうちに他者の存在が深くかかわるさまを明察する感情論と経済論の構想によって幸福論への道を切り拓いたスミスへとわたしたちはイギリス経験論の流れをたどってきた。そこからさらに、ジェレミー・ベンサムの「最大多数の最大幸福」へと向かうのが予定の道筋だが、ここで、やや脇道に逸《そ》れることを覚悟の上で、カントの道徳理論を問題としたい。道徳論と幸福論が無理なく合流するスミスとは対照的に、幸福とはどうしても折り合いのつかないカントの道徳思想は、イギリス経験論と大陸合理論の思想的資質のちがいを示すとともに、幸福というものの哲学的位置づけのむずかしさをも示唆しているからだ。カントの道徳理論と対比することでイギリス経験論流の幸福のとらえかたの特質が浮かび上がることを期待しつつ論を進めたい。

『実践理性批判』の課題

イマヌエル・カント（一七二四―一八〇四）の哲学的主著として一般に『純粋理性批判』『実践理性批判』『判断力批判』の三つが挙げられるが、道徳理論が展開されるのは二番目の著作『実践理性批判』である。一番目の『純粋理性批判』で物や世界の認識がいかにしてなりたつかを考究したあとに、道徳法則がいかにしてなりたつのかを考究するのが『実践理性批判』の課題だった。

認識は外界の事物を人間がとらえるという構図を基本とする。構図がなりたつためには外界の事物が存在しなければならず、それをとらえるにはそのありかたにつき従わねばならない。外界の事物（対象）とそれをとらえる働き（認識作用）がぶつかるところで認識はなりたつので、対象があるというだけでは、また認識作用があるというだけでも、認識はなりたたない。

ところが、道徳法則の場合はそれとは大きくちがう。「実践理性批判」の書名の通り、道徳上の是非善悪は実践の場――現実の行動の場――で問題となるのだが、しかし、道徳法則が現実の行動の場でなりたつとはカントは考えない。実践ないし行動は現実とかかわり、現実を動かそうとするものだが、実践ないし行動の是非善悪を左右する道徳法則は、行動の場ではなく、行動する人間理性の内奥に所在するとカントは考える。

理性がおのれの内部から道徳法則を紡ぎ出すところにカントは理性の自由と自律の証《あか》しを見る。外界に触れ、外界に促されて道徳法則に思い至るのではなく、みずからの力で道徳法則を生み出す理性は、まさにそのことによって外界から独立した自由な、自律的な存在である、と。

カント

純粋な理性は独立にそれだけで実践的であり、われわれが道徳法則と名づける普遍的な法則を〔人間に〕あたえる。（Immanuel Kant, *Kritik der praktischen Vernunft*, Verlag von Felix Meiner, 1929, S. 37）

実践的に行動する人間が他の一切からまったく切り

離されてそれだけで存在するといったことはありえない。実践ないし行動が現実を動かそうとするものである以上、実践的ないし行動的な人間は現実のなかで現実とかかわって存在するほかはない。

が、行動する人間の、その行動の道徳性がひとたび問題となるとき、カントの視線は現実の行動を離れて人間の内面へと赴く。そして、人間の内面に人間を内から突き動かす力を見出す。それが意志だ。意志ということばは人間の行動をなりたたせる内面の力という意味で歴史的に長く使われてきたことばだが、カントはその意志に人間の内発性・自主性の極限の形を見ようとする。

さきの引用文に「純粋な理性は独立にそれだけで実践的」だとあるが、この短かいことばに内面的な意志の内発性・自由性が凝縮して表現されている。「純粋」も「独立に」も「それだけで」も「実践的」も、内面的な意志の内発性と自主性にまっすぐ通じる形容語だ。

引用文の後半では、この純粋な理性が道徳法則という名の普遍的な法則を（人間に）あたえる、と述べられている。意志は自由で自立した純粋な存在だからこそ普遍的な――万人共通の――道徳法則をあたえるというのだ。

道徳法則はどんな形か

では、その道徳法則とは具体的にどんな形を取るものなのか。簡潔に定式化されたカント自身のことばを引く。

汝の意志の原則がつねに同時に普遍的な立法の原理として妥当しうるように行動せよ。（ibid., S. 36）

いかにも形式的な法則だが、現実世界とかかわる以前の、内面的な意志のありかただけを問題とする以上、法則は形式的たらざるをえなかった。いや、現実に拘束されないところに意志の自由と自律があるとすれば、形式的であることはむしろ道徳法則にとって必須の条件であった。

引用を重ねる。

意志の自律がすべての道徳法則とそれにふさわしい義務の唯一の原理である。〔中略〕道徳法則は純粋な実践的意志の自律（自由）こそを表現するものであり、この自律（自由）こそが、個々人の原則が最高の実践法則と合致しうるための不可欠の形式的条件である。（ibid., S. 39）

カントの著作はどれを取っても、概念を厳密に使おうとするこだわりが強すぎて、かえって文の流れがたどりにくくなるのだが、右の引用文もけっして分かりやすくはない。それでも、意志の自由と自律が実践理性の核心をなす原理であり、カントがなんとしてもその原理を守りぬこうとしていることは伝わってくる。カント哲学の継承者でも批判者でもあるヘーゲル（一七七〇—一八三一）はそこを押さえた上で、カントの道徳哲学を次のように位置づけている。

カントの哲学の第一部門は知性であり、理論的な研究でした。第二部門は実践的な研究で、意志の本性が、意志の原理とはなにかが、問われる。意志は絶対的に自由である、というルソーの考えをカントは基礎とします。〔中略〕実践理性は内部で自立した存在であって、人間は道徳的存在としては、すべての自然法則や現象を超えて自由です。理論理性が先天的な分類項たるカテゴリーをもっていたように、実践理性も道徳法則をもっていて、それをこまかく定義していくと、義務と権利、許可と不許可といった概念ができあがる。ただし、実践理性は、素材を必要とする理論理性とちがって、あたえられた素材をすべて斥《しりぞ》けることができる。意志はみずから決定するもので、あらゆる正義と道徳の基礎は自由にあり、人間はそこでは絶対的な自己意識です。（G・W・F・ヘーゲル『哲学史講義Ⅳ』長谷川宏訳、河出文庫、二〇一六年、371―372ページ）

行動に内在する意志こそが真に自由な存在であり、道徳法則はその自由の純粋な発現形態である、――そう考えるところに『実践理性批判』の道徳理論の核心があった。自由も道徳法則も西洋近代の哲学にとって人間の本質を規定するこの上なく重要な概念だったが、自由と道徳法則をこのように意志の内面で堅く結びつけるのはカント独自の構想だった。西洋近代哲学の一般的傾向としては自由も道徳法則も人間と現実社会とのかかわりのなかで主題となることが多いが、カントはそうした傾向を肯《が え》んじない。現実の社会に背を向けるようにして人間の内面へと入りこみ、現実と因果の糸で結ばれることのない意志のうちに自由を位置づけ、道徳法則を位置づける。現実世界との具体的な関係を断ち切られた道徳法則は、当然のこと、純粋な、内容なき、形式的な法則とならざるをえないが、であるからこそ、それは自由な意志の発現体だといえるのだった。

道徳法則をそこまで形式化し抽象化してとらえるなら、それが幸福とははるかに隔《へだ》たったものとなるのは理の当然だった。

もともと、概念としての自由と幸福はそう遠いものではない。自由であるという実感が幸福感と結びつくことは、日々の卑近な場面でも、やや構えた場面でも珍しいことではなく、自由でありたいと望むことが幸福への願いと重なるのも自然な心の動きといってよい。他方、道徳的な正邪、善悪とその人の幸不幸との結びつきは曖昧《あいまい》な面が多分にあって、処世の智慧を凝縮した諺《ことわざ》などには、善と不幸、悪と幸の結びつきを殊更《ことさら》に強調した寸言もなくはないが、しかし、日常の暮らしの次元でも観念的な思考の次元でも、徳のある生きかたと幸福とが結びつくべきだ、結びついてほしいとする思いは多くの人の共有するところで、そこにさほどの距離があるとは思えない。

自由・道徳と幸福のあいだ

カントの道徳理論はそうした自由と幸福、道徳と幸福のあいだに楔《くさび》を打ちこもうとするものだった。自由と道徳法則が純粋な意志の内面で強固に結びつく。そのように形式化・抽象化の極限で一体化した自由と道徳法則は、幸福とは相貌を異にする観念として登場することになる。

幸福たらんとすることは、理性的な、とはいえ有限な存在たる人間のだれもが必然的に求めるところであり、したがって、有限な理性的存在の欲求能力を発動させないではおかない衝動である。というのも、有限な理性的存在たる人間が初めから自分の全生活に満足することなどありえないし、自分一個の自己満足の意識に先んじてそうした至福があるわけでもなく、自分の全生活に満足する幸福は、人間がなにかしら不足を感じる有限な存在であるがゆえにのしかかってくる課題だからである。そして、ここで足りないと感じられるのは、人間の欲求能力の対象となる実質が——つまり、主観の基礎にある快不快の感情と関係するような具体的ななにかが——足りないのであって、そこで見えてくるのは、人間が自分の状態に満足するのに必要とされる、その当のものだ。ところが、人間をかり立てるこの足りないなにかは、主観によってたんに経験的に認識されるにすぎないものだから、まさにそれゆえにこの課題を法則と見なすことは不可能である。法則というものは、あらゆる場面で、あらゆる理性的存在にとって、同じような形で意志を動かすものを、客観的にふくまねばならないのだから。（*Kritik der praktischen Vernunft*, S. 28–29）

人間が幸福になりたいと願うこと、また、幸福になるためにあれこれの好ましい対象や心地よい境遇を具体的に手に入れようとすることを、カントは人間の自然なふるまいとして否定はしない。理性的存在たる人間の、その理性に背《そむ》くふるまいだとは考えない。

が、その一方、幸福の希求や、好ましい対象、心地よい境遇の欲求が、意志の核心をなす自由と道徳法則に結びつく、根源的な希求であり欲求であるとは考えない。幸福をめざす人間の意欲や行動は、実践哲学の原理たる自由と道徳法則にまではとどかない心理であり、行動であり、出来事である、と、カントはそう考える。引用文中に「有限な」とか「経験的に」といったことばが出てくるが、カントにあってはこの二つは原理的な徹底性を欠く事柄の不十分さを指摘し、警戒心をもって対処することを自他に確認する形容語だ。幸福にまつわる事柄はカントの実践哲学においては、つねに限定つきで扱われる「有限な」心の動きであり、「経験的な」ふるまいだった。

道徳論に幸福論はない

西洋の近代思想の歴史のなかでは、カントほど厳密でも形式的でもないが、幸福と意志の自由ないし道徳性とを切り離して考えるという思想傾向は有力な潮流をなしていた。個の自由が西洋近代思想の主柱をなし、その自由を根拠づけることが近代哲学の変わらぬ主題として思想家たちの目の前に置かれているとき、思想家たちの目が個の内面に向けられ、そこに主体性だの、自主性だの、内発性だのといった、日常生活の経験内容とは趣きのちがう、その意味で形式的といえる心の動きが想定され、それに高い価値が置かれるのは、思考の道筋として理にかなっている。

が、主体性、自主性、内発性といった観念は、幸福に近い観念でも幸福と折り合いのいい観念でもない。幸福とはカントも認めるように生活に満足すること——そのために不足や不如意を少しでもなくすこと——を基本とするものだが、主体性、自主性、内容性は自分の意志と力が外に向かって出ていくのをよしとする観念だからだ。自分の置かれた境遇や状況をそれとして認め、それを満足のいくものにするのが幸福の心性であるのにたいして、自由の根拠づけと自覚は、境遇や状況のいかんにかかわらず、自己の内部から出てくる意志と力に絶対の価値を置くものでなければならないのだ。

最後に、もう一つだけカントのことばを引いておきたい。

幸福を望み、求めること——いいかえれば、自分の境遇に満足する状態が持続するのを確信した上で、その状態を望み、求めること——、それは人間の本性からして避けられないことだが、だからといってしかし、それを、義務でもあり目的でもあるようなものだ、ということはできない。(Immanuel Kant, *Metaphysik der Sitten*, Verlag von Felix Meiner, 1922, S. 228)

引用は『道徳の形而上学』からである。

カントの人間論といったものを想定すれば、そこでは幸福の論が一つの主題となりえようが、かれの道徳理論のうちには幸福論の居場所はなかった。

「最大多数の最大幸福」へ

話をイギリス経験論にもどしたい。

アダム・スミスの幸福論の後に来るものとしてジェレミー・ベンサム（一七四八―一八三二）の功利性論を――広く知られている標語を使っていえば、「最大多数の最大幸福」論を――見ていく。

「最大多数の最大幸福」という考えが示されるのはベンサムの主著『道徳と立法の原理序説』においてである。標語と著書名を並べただけで、これまで見てきたカントの道徳理論とのちがいは歴然たるものがある。道徳と立法の原理を考察するなかから、「最大多数の最大幸福」という幸福の原理が導き出されてくるのだから。

冒頭の「序言」に続く「第一章　功利性の原理について」は以下のことばをもって始まる。

自然は人類を苦痛と快楽という、二人の主権者のもとにおいてきた。われわれがなにをしなければならないかを指示し、なにをするであろうかを決定するのは、ただ苦痛と快楽だけである。〔中略〕苦痛と快楽とは、われわれの行なうすべてのこと、われわれの言うすべてのこと、われわれの考えるすべてのことについて、われわれを支配しているのであって、このような従属を払いのけるためにどんなに努力しようとも、その努力はこのような従属を証明し、確認するのに役立つだけであろう。〔中略〕功利性の原理はそのような従属を承認し、そのような従属を功利性の思想体系の基礎と考えるのであって、その思想体系の目的は、理性と法律の手を借りて、幸福の構造を生み出すことにある。(Jeremy Bentham, *An Introduction to the Principles of Morals and Legislation*, Bottom of the Hill Publishing, 2011, p. 13)

ベンサム

いきなり苦痛と快楽が人間のすべての行為を支配する根本原理として提示される。カントなら、気まぐれで、経験的で、有限で、いかなる意味でも原理とはなりえないと考えた苦痛と快楽が、ベンサムにあっては、自然が人類にあたえた動かしがたい根本原理として高々と掲げられる。

ヒューム、スミスと島国イギリスの思想家の論じるところを追ってきたわたしたちの目には、苦痛と快楽こそが人間を支配する根本原理だとするベンサムが、いかにもイギリス経験論ふうの、経験世界にあくまで踏みとどまって人間と社会を観察する思想家に見える。人間にとって道徳とはなにか、善とはなにか、悪とはなにか、と問うて、純粋理性や意志の内面へと思いを及ぼすことは、ベンサムの夢想だにしないことだった。

快楽と苦痛

善と悪については、次のような明快きわまることばがある。

快楽はそれ自体が善である。苦痛を免れることを除けば、それは唯一の善である。そして、苦痛はそれ自体として悪であり、実際に例外なしに唯一の悪である。それ以外には、善と悪ということばはなんの意味ももたない。そしてこのことは、あらゆる種類の苦痛、あらゆる種類の快楽について、同様に真実である。したがって、以上のことから直接に、また疑いもなく次のようにいうことができる。それ自体が悪いものであるような、どんな種類の動機も存在しない、と。(ibid., pp. 70-71)

善とは快楽であり、悪とは苦痛である。ベンサムはきっぱりとそう言い切る。ことばは明快そのものだが、明快だからといってすんなり受け容《い》れられるというものではない。わたしたちの日常的なことばの使いかたからしても、それを精密化した哲学的な使いかたからしても、善と悪が問題となる世界と苦痛と快楽が問題となる世界とのあいだには次元のちがいのごときものがあって、善と快楽、悪と苦痛は単純に等号で結ばれるようなものとは思えないからだ。善悪が問われるときは多少とも視野を広く取って前後関係やまわりの状況を考慮に入れざるをえないのにたいして、快楽か苦痛かが問われるときは自分の感覚や感情に答えを求めればよい、といったところに、いまいう次元のちがいが端的に示されている。

次元のちがいに目を据え、ちがいの思想的な意味をさぐろうとすれば、一方に善と悪にかかわる観念的・抽象的な道徳理論があり、他方に快楽と苦痛にかかわる経験的な感覚理論ないし感情理論があるといった構図が浮かび上がるだろうが、ベンサムの功利主義思想はそういう二元的な構図を峻拒《しゅんきょ》するところになりたつものだった。二元的構図をあえて斥《しりぞ》けて、すべてを苦痛と快楽のもとに一元化する、――さきの引用文の明快な断言は、そういう立場に徹することによって得られたものだった。明快なことばは論理としてはすんなり受け容《い》れられるものではなかったが、立場の表明としてはその意味するところを了解できるものだった。

快楽が唯一の善であり、苦痛が唯一の悪であって、それ以外に善と悪にはなんの意味もないとベンサムは言う。快楽と苦痛が善と悪を——延《ひ》いては、道徳のすべてを——内に呑みこむという考えの表明にほかならない。注意すべきは、快楽と苦痛が大変なふくみをもつことばとして用いられていることだ。快楽と苦痛は体のどこかで感じられるものが原形をなす。そこからもっと広い範囲に、ときには体全体に及ぶように感じられるし、さらには精神的快楽とか精神的苦痛といった観念性の高いものもそこにふくまれる。が、肉体を通して感じられるという即物的な直接性は、観念性の高い快楽や苦痛の場合にも失われることがなく、だから、精神的な快楽や苦痛を体が感じるといういいかたも不自然ではない。個人の経験にそれほど深く入りこんでいるのだから、イギリス経験論ではそこを出発点として議論がなされたことは納得できるし、抽象度の高い事象や観念を問題とするときにも、つねにそこととの関係が問われた。

ベンサムの苦痛と快楽は、そういう身体的な感覚性を出発点にしているかもしれないが、『道徳と立法の原理序説』において苦痛と快楽が道徳（および立法）の根幹をなす概念として提示されたときには、感覚の直接性を大きく超えるものとしてとらえられていた。人間の行為のすべてにつきまとって経験世界の隅々にまで行きわたり、道徳的（および法的）な善悪を呑みこむほどの包容力をもつもの、——それがベンサムのとらえた苦痛と快楽だった。

拡大する経済活動のなかで

そんな概念をベンサムが自分の頭のなかだけでひねり出したというわけでは、むろんなかった。スミスの幸福の概念が産業革命期のイギリスの、生き生きとした経済活動に導かれたゆたかな社会生活を背景に、そこでの経験を理論化することによって生み出された概念であるのに似て、ベンサムの苦痛と快楽も、同じ産業革命期をスミスよりもやや遅れて生きたベンサムが経済的に発展する社会を、法学者ないし社会改革者として客観的に見つづけるなかからつかみとった概念だった。苦痛と快楽は身体的感覚を出発点としつつ、人びとが社会生活において部分的に、また大局的に感じとる感覚のすべてをふくむものであって、『道徳と立法の原理序説』で提示された苦痛と快楽の包容力の大きさは、産業革命が進行するなかでの、生産力の発展と経済活動の社会的広がりの大きさによって用意されたものといえた。割り切っていえば、ベンサムが目の前にする人びとの苦痛と快楽は、その大きな部分が経済活動のもたらす物質的な富の大小によってもたらされるものであった。身体的な感覚ないし情感を出発点とし原基とする苦痛と快楽が、経済活動のすさまじい前進と拡大のなかで、社会的な富の生産と分配と享受がその大きな実質的要素をなす感覚ないし情感へと変化していったのだ。

経済活動の発展によって苦痛と快楽が社会的富という実質をあたえられたとなると、身体的感覚ないし情感の社会化はたんなる経済的カテゴリーの域をはるかに超えて拡大していく。ベンサムは快楽の例として一四項目を、苦痛の例として一二項目を挙げている。

一、感覚の快楽　二、富の快楽　三、熟練の快楽　四、友好の快楽　五、名声の快楽　六、権力の快楽　七、敬虔の快楽　八、善意の快楽　九、悪意の快楽　一〇、記憶の快楽　一一、想像の快楽　一二、期待の快楽　一三、連想にもとづく快楽　一四、救済の快楽

一、欠乏の苦痛　二、感覚の苦痛　三、不器用の苦痛　四、敵意の苦痛　五、汚名の苦痛　六、敬虔の苦痛　七、善意の苦痛　八、悪意の苦痛　九、記憶の苦痛　一〇、想像の苦痛　一一、期待の苦痛　一二、連想にもとづく苦痛

(ibid., pp. 29-30)

注解ふうに記しておけば、快楽の二に「富の快楽」が、苦痛の一に「欠乏の苦痛」がくるのは、経済活動の比重の大きさを示していよう。また、快楽と苦痛の社会化が精神的な快楽

や苦痛へと視野を広げることになるさまが「善意」「悪意」「記憶」「想像」といったことばに示されている。さらに、いまの四語は快楽の項にも苦痛の項にも出てくるが、そのことは対立関係にある快楽と苦痛が、にもかかわらず、ゆるやかにつながって一つのまとまりをなすことを示唆している。

ともあれ、快楽の一四項目と苦痛の一二項目をつくづくながめていると、道徳（と立法）の原理を追尋するベンサムが経験世界の内部にあくまで踏みとどまって人間の行動と社会の動きを見つめ、経験論にとってもっともなじみ深い快楽と苦痛という概念でもって社会の全体を覆《おお》いつくそうと、対《つい》をなす二つの概念に最大限の意味のふくらみをあたえようとしているのが分かる。いま一度カントを引き合いに出していえば、カントの道徳論が経験的な快不快や幸不幸から主体の内面に所在する純粋理性や自由意志へと赴こうとするのにたいして、ベンサムの道徳論（と立法論）は快楽と苦痛を原基とする経験世界を離れることなく、主体の内面にかかわる事象――快楽の一四項目に出てくる例でいえば、「友好」とか「敬虔」とか「善意」とか「救済」といった事象――をも経験世界にもちこみ、経験的な事象として位置づけ、意味づけることに心を傾けるものだった。

功利性とは

ベンサムは一般に功利主義思想の代表者と目されるが、その功利主義は右にいう経験世界のとらえかたを絶対の条件としてなりたつものであった。「功利」という用語は日本語としてこなれたことばではなく、したがって「功利主義」も「功利性」も意味がつかみやすくはない。ただ、意味の核をなすのは「なにかがなにかの（あるいは、だれかの）役に立つ」ということで、ベンサムもものごとが社会に役立つかどうかという視点を堅持しつつ考察を進めようとしている。『道徳と立法の原理序説』には、「功利性」の定義に当たる次のようなことばがある。

功利性とは、以下のような対象の性質を意味する。すなわち、その対象が、それと利害関係をもつと考えられる当事者に、利益や便宜や快楽や善や幸福（いまの場合、これらすべては同じことになるが）を作り出そうとするような、さもなくば〔これまた同じことになるが〕損害や苦痛や悪や不幸が起こるのを防ごうとするような、そういう対象の性質を意味する。（ibid., p. 13）

明解な定義だ。こう定義するベンサムにとって「功利性」ということばに少しも曖昧《あいまい》なところはなかった。なにかがなにかの（だれかの）役に立つという観点から対象を見ていけば、その対象の功利性について判断がくだせる。そう考えるところになんの曖昧さもなかった。が、引用文を注意して読むと、定義の明解さは利益、便宜、快楽、善、幸福を同じことと考え、さらには、損害、苦痛、悪、不幸を同じことと考える利害関係のくくりかたに大きく依存しているのが見えてくる。そして、ベンサムが同一視するものが――たとえば、便宜と善が――そう簡単に同一視できるのかといった疑問が起こると、定義の明解さに翳《かげ》りが生じてくるように思える。

ベンサムがその翳りをどう感じたか、それは分からない。いや、翳りを認めたかどうかすら、はっきりしない。『道徳と立法の原理序説』が苦痛と快楽を根本原理とし、その苦痛と快楽が人間の行動と社会の動きの隅々にまで浸透していくことを思えば、ベンサムの同一視する利益、便宜、快楽、善、幸福の五つは大きく快楽のカテゴリーに、他方、損害、苦痛、悪、不幸は苦痛のカテゴリーに包摂されることになろうが、ベンサムにとってはそのようにして快楽と苦痛のカテゴリーの適用範囲が大きくなることこそが肝要であって、内部の項目相互の異同や対立や矛盾は人間の社会活動の多様性を反映するものとして、むしろ積極的に受容すべきものだったといえようか。

快楽・善・幸福の三位一体

かくて、幸福も快楽の圏内に取りこまれる。さきの引用文でも快楽のあとに善と幸福が並んで配列されていたが、快楽を社会に向かって開いていこうとするベンサムの心づもりからすれば、快楽と幸福が結びつくのはごく自然な流れだった。本章の1でわたしたちは、ヒュームの経験論的な快楽のとらえかたが快楽と幸福を結びつきにくくしているさまを見てきたが、功利性の道をまっすぐに歩むベンサムにとって、快楽と幸福を結びつけるのはなんの造作もなかった。二つの近しさゆえにかえって幸福への言及がなされないと思えるほどだが、あえて拾い出せば、

なにをもって幸福がなりたつかといえば、快楽を享受することと苦痛を感じないでいられることがそれだ。(ibid., p. 52)

快楽と幸福、苦痛と不幸の重なりが申し分なく示されている。わたしたちはすでに、快楽そのものが善であり、苦痛そのものが悪である、という断言を見てきたが、そこから、快楽そのものが幸福であり、苦痛そのものが不幸である、というところに行くのがベンサムだ。その基底には、いうまでもなく、生産力の発展によって社会的な富の増大していく社会があ

り、人びとがだれかれなく、富のもたらす快楽を——善を、幸福を——追いもとめている、という社会観察ないし社会的人間観察があった。

こうして、産業革命期の経済発展を社会的土台として「快楽」と「善」と「幸福」の三位一体図式が出来上がる。快楽が善であり、善が幸福であり、幸福が快楽である、という命題が一人ひとりの個人についても、社会の全体についてもなりたつとされるのだ。

そのように三位一体の図式が個人と社会とを結びつけるものとして、もっといえば、個人を社会という場に引き寄せるものとしてあるとすれば、そこで展開される道徳論なり幸福論なりが個人の内面へと思考の糸を垂《た》らしていくことはむずかしかった。個人の内面へと下りていくことは経験世界に背を向けるふるまいであるだけでなく、快楽と善と幸福とのあいだに生まれた三位一体的均衡を突き崩す怖《おそ》れがあるからだ。

なにより、内面的な意志の自由が原理としての位置を奪われた。内面の自由は表現の自由、信仰の自由、思想の自由、良心の自由、身体の自由、行動の自由、その他もろもろの自由の欠くべからざる根拠となるべきものだが、さきの三位一体図式にはそぐわぬものだった。人間が社会のなかで他人とともに行動し、快苦、憎悪、幸不幸のあらゆる場面で他人と交わることこそ人間の本来のすがただととらえるベンサムには、人間が個として自律的に生きる上での絶対の条件たる内面の自由は人間の本質をなすものとは思えなかった。内面の自由とは、見ようによってはきわめて形式的なものだ。人間の経験する内容はすべて外界からやってきて、その内容にかかわる自己がそのかかわりにおいておのれの自主性ないし主体性を保持しているという、ただそれだけのことをいうのに内面がもちだされているともいえる。が、そこに目をふさげば、自己が自己でなくなってしまう。おのれがおのれとして生きているという自己意識が失われてしまう。三位一体図式による人間の社会化は、個として生き、自己を自己として意識する人間を打ち消すようにしてもくろまれているといわねばならない。

『自由論』登場の背景

功利主義の標語たる「最大多数の最大幸福」が、社会へと大きく目を開かせはするものの、他方、個々人のもつ多様な幸福の実感と幸福への願望を無理にも均《な》らし、もって幸福の数量化への道を踏みかためようとしているかに見えるのは、そのことと表裏をなす事柄だ。ベンサム自身が国の経済政策や法制度の改善を提言する社会改革者であったこととも関係しようが、個人を独自の個としてとらえるよりも、平均的な個として社会のなかに投げいれ、社会に共通の価値観をもって生きる社会的存在ととらえるほうに、その人間観ないし社会観は大きく傾いていた。そういう人間観ないし社会観を端的に表明したものとして、たとえば次の自問自答がある。

共同体の利益とは、なにか。共同体を構成する個々の成員の利益の合計がそれだ。

(ibid., p. 13)

利益を経済的収益に限定して考えれば、個人の利益の合計が共同体の利益だというのは算術的に明快な答えだが、前後の文脈からしてここにいう利益はわたしたちがこれまで見てきた快楽や善や幸福といいかえて差し支えないものだ。ベンサムは個人の快楽・善・幸福の合計が共同体の快楽・善・幸福だというのだ。

比喩的な意味でなら、いわんとするところは分からないではない。集団の快楽・善・幸福を考えるのに個々の成員にもどって考えようというのには、それなりの合理性がなくはない。が、合計が多少とも算術的意味をもつとすれば——ベンサムはもたせようとしているが——、話は霧に包まれてしまう。たとえば、ある人の友好の快楽と別の人の悪意の快楽をどう合計するのか。また、美しい風景に接した善と金銭上の善とをどう合計するのか。心理的ないし精神的なものの合計という操作にまつわる曖昧《あいまい》さゆえに、事態を包む霧は晴れそうもない。合計という以上、なんらかの数量化が考えられ、質を量に転換する方策が講じられねばならないはずだが、『道徳と立法の原理序説』にその具体策は明示も暗示もされない。

「最大多数の最大幸福」という標語についても同じことがいえる。社会を大づかみにとらえる寸言として思考を刺激する惹句《じゃっく》ではあるが、思考の道案内となるほど雄勁・分明なことばではない。ベンサムの功利主義が時代の勢いに乗って幸福の社会化を推《お》し進めた功績は認めねばならないが、その功利主義は個人の自由という近代思想の核心としっかりからみ合うものではなかったがゆえに、幸福の思想としては深みのない通俗的な論とならざるをえなかった。ベンサムによる「最大多数の最大幸福」の提唱から七〇年ののちに、経済発展にともなう低資金長時間労働、児童・婦人の酷使、スラム街の発生など、資本主義体制の負の面が社会の表面にあらわれ出たとき、ベンサムと親交のあったジェームズ・ミルの子息ジョン・ステュアート・ミル（一八〇六―七三）が、ベンサムの功利主義を半ば継承しつつ、人間社会において自由がいかに重要なのかを説いた名著『自由論』（一八五九年）を刊行する。出るべくして出た書物の刊行といわねばならない。

第三章　二〇世紀の幸福論——大戦の時代に

世界大戦の時代

「最大多数の最大幸福」を基本目標とするベンサムの社会政策は、個人の幸福と社会集団——家族、村、町、学校、職場、都市など——の幸福とが連続的につながるという前提のもとに考案されたものだった。そして、そうした前提を支える社会的事象として、産業革命による生産力の向上と社会的富の増大があった。

が、産業革命による経済の発展はそのまま個人の幸福と社会の幸福の増大をもたらすものではなく、時とともに資本主義体制の矛盾が明らかになってきた。長時間労働、年少者の雇用、苛酷な労働、貧富の差の拡大、企業の倒産、独占企業の肥大、植民地獲得競争、帝国主義的侵略、等々、経済の発展が個人の幸福と社会の幸福に直結するという楽天主義に疑問符を突きつける社会事象は、世上の至る所に見出された。そして、二〇世紀の前半に多くの国々を巻きこむ形で起こった二つの世界大戦は、そのような社会の矛盾が地球大の規模に広がったことを示す悲惨きわまる出来事だった。二〇世紀の後半から二一世紀にかけては世界大戦と名づけられるほどの大規模の戦いは起こっていないけれども、国家間・民族間の絶えることなき戦争や紛争のさまを見ると、この世界はいまだ深刻な政治的・社会的な矛盾の坩堝《るつぼ》であり、人びとは物質的にも精神的にも幸福と不幸の容易ならぬせめぎ合いのなかに生きているといわねばならない。

1　青い鳥の象徴するもの——メーテルリンク

ベルギーに生まれ、フランスで活躍した作家メーテルリンク（一八六二—一九四九）の『青い鳥』が世に出たのは、二〇世紀の初頭、一九〇八年のことだ。チルチルとミチルの兄妹が青い鳥をさがし求めて夢のなかを旅するが見つからず、目が覚めてわが家の炉辺《ろへん》にそれがいるのに気づくという児童劇だ。

兄妹がさがし求める青い鳥は、劇中では幸福の鳥、幸福をもたらす鳥とされている。全身が青い鳥は、すっきりと形の整った、飛びかたにも無駄がなく、見る者の心を晴れやかにしてくれるすがたが思い浮かぶから、それが幸福と結びつくのはごく自然なことと思える。『青い鳥』の刊行以降、この劇作を離れて一般に青い鳥が幸福の象徴として人びとにイメージされるようになったのも、メーテルリンクの詩的想像力の卓抜さをものがたるものといってよかろう。青い鳥の青は、温《あたた》か味のあるやや深い青がふさわしいということになろうか。

「思い出の国」が、見る者の心を晴れやかにしてくれる端正な青い鳥は劇中にはあらわれない。青い鳥らしきものはあらわれるが、それが幸福には直結しない。直結するようには思えない。メーテルリンクは幸福に直結する凛《りん》とした青い鳥を劇中に登場させない。夢のなかの旅でチルチルとミチルの前に青い鳥が最初に登場する場面は、

メーテルリンク

以下のごとくだ。二人が「思い出の国」に行き、死んだ祖父母に出会う。

祖父　……ここにウメの木がある。わしが見てないと、おまえよくのぼったなあ。まだきれいな赤い実がなってるよ……
チルチル　やあ！　前よりかずっときれいだ！
ミチル　それから、ここに、もとのツグミがいるわ！　まだ鳴くの？
〔中略〕
チルチル　（ツグミがまったく青い鳥であるのを見て、おどろいて）やあ、青い鳥だ、あ

の鳥だ！　魔法のおばあさんに持ってってやらなきゃ。〔中略〕やあ、青い、青い、青いガラスのようだ（たたみこむように）おじいちゃん、おばあちゃん、あれ、ぼくにくれない？

祖父　おお、おお、いいだろうとも。どうだね、おばあちゃんや？……

祖母　ええ、よござんすとも……わたしらにはなんの役にもたたないのだもの。眠ってるだけで、鳴いたことなんぞありゃしない。

チルチル　ぼく、かごの中へあの鳥入れちゃおう。〔中略〕（木のところへかけてゆき、かごをとってきて、鳥を入れる）じゃ、ほんとにおじいちゃん、あの鳥ぼくにおくれね

〔中略〕

祖父　いいかね、わしは、鳥がどうなっても知らんよ……その鳥はもう、世の中のそうぞうしい暮らしに、がまんしきれなくなってるから、風が吹きしだい、すぐここへもどってくるだろうからね。

（『森は生きている　青い鳥』岩波少年少女文学全集21、一九六一年、174ページ）

祖父と祖母はツグミをいつもの見なれた鳥としか見ていないし、青い色をしているとも思っていない。青い鳥だと思って大喜びでかごに入れるチルチルとのあいだに大きな意識の落

差がある。そこは気になるところだが、話が全体として夢のなかのこととされているし、別《わ》けても青い鳥はいるかいないか、いるとしてもどこにいるか分からないような幻想上の鳥だから、老人と子どもの意識の落差などさほど気にかける必要はないのかもしれない。

しかし、チルチルが青い鳥をかごに捕獲した「思い出の国」の場の幕切れは、簡単に見過ごすわけにはいかない。チルチルとミチルの兄妹が祖父母に別れを告げて「思い出の国」を去っていく場面だ。引用文中、「光はどこにいる?」というミチルの台詞《せりふ》にある「光」とは、擬人化されて登場人物の一人となった「光」を指す。

わかれのことばの途中から、もう舞台は、また、霧につつまれはじめる。人の声がかすかになって、なにもかも霧の中に消えて、幕がおりると、チルチルとミチルとは、カシの木の下に立っている。

チルチル　ミチル、こっちだよ……

ミチル　光はどこにいる?……

チルチル　知らないよ……（かごの中の鳥を見ながら）やあ、鳥がもう青くなくなってるよ！　黒くなってる！

ミチル　にいちゃん、手を引いてよ、こわい！　それに、さむいの……

（同右、179ページ）

青い鳥が黒くなるというのは、どう考えても暗いイメージだ。そんなことがこれといった理由もなく起こる。そして、そのあとに妹ミチルの「こわい」「さむい」というこれまた暗い台詞がくる。しあわせの青い鳥がすっきりと明るく、温か味のある瀟洒《しょうしゃ》な鳥というだけでなく、なにやら正体のはっきりしない、警戒心を抱かざるをえないような存在であることを示唆《しさ》する舞台の動きだ。

そのような青い鳥のイメージの不分明さに、わたしたちは、行く先に明確な幸福の形を思い描けない二〇世紀という時代の影が読みとれるように思うのだが、先を急ぐまい。『青い鳥』に沿ってもう少しメーテルリンクの提示する幸福の鳥のイメージを追ってみたい。

「夜の御殿」

「思い出の国」の場のあとにくるのは「夜の御殿《ごてん》」の場である。エジプトかギリシャの神殿のような荘重な建物のなかにチルチルとミチルは入っていく。前場での青い鳥の出現と変色を受けるようにして、登場人物の一人（ネコ）が次のような解説を加える。「日の光にあうとすぐに死んでしまう夢の青い鳥にまじって、日の光のなかででも生きていられるたった一羽のほんとうの青い鳥がここにいる」と。

これも半ば伝聞の形でいわれていて、読者には——そして、観客にも——「ほんとうの青い鳥」がこの夜の御殿にいるとすぐに信じる気になれないが、前場の話の展開にこの解説がかぶさると、青い鳥の存在を訝《いぶか》しむ気持ちが徐々に、しかし確実に募《つの》ってくる。この場も前場も劇の前半に設定された場で、戯曲の読者は幸福の青い鳥が簡単には手に入らないことをそんなにも早く気づかされる。ただ、旅する兄妹はまだほんの子どもだから、青い鳥の存在を無邪気に信じる気持ちが強く、となると読者はその心理を慮《おもんぱか》って切なくもなるといった次第だ。

そんななかで、御殿のなかを歩きまわる兄妹の前に花園があらわれ、そこを無数の青い鳥が飛び交う。

どこまでつづいているかわからない、なんともいわれない、夢のような花園が、思いがけなく、ひょっこりあらわれる。その光のなかに、星のむれにまじって、妖精のような青い鳥が、水平線まで、とびまわっている。たえず、調和をたもってとんでいる。青い鳥が触れると、何でもがキラキラと光る。青い鳥は、風か、青い空気かと思われるほどたくさんいる。

チルチル　（目がくらんで、ぼんやり花園の光のなかに立っている）やあ、たいへんだ！（逃げたものたちの方を向いて）早くおいで！　ここにいるよ。……いるぞ、いるぞ！とうとう見つかった。……青い鳥だ……何千羽だ……何万羽だ……何億羽だ……たくさんいるぞ……おいで、ミチル。こい、チロー。みんなこい！　みんな手つだってくれ……（鳥のむれのなかにとびこんで）持ちきれないくらいとれるぞ！〔中略〕（ミチルも、ほかのものもとんでくる。〔中略〕）ねえ、たくさんいるだろ……手のなかへとびこんでくるぞ……ほらね、月の光をたべてる……ミチル、おまえどこにいるの？　青いつばさや、青いはねが、あんまりたくさんとんできて、ほかのものは何も見えないや……チロー、鳥をくわえちゃいけないよ。けがをさせちゃだめだよ。そっとつかまえるんだよ……

ミチル　（青い鳥にかこまれて）あたし、もう七つとったわ……まあ、なんてはねをバタバタさせるんでしょう……あたし、つかまえていられやしない……

チルチル　ぼくもだ……ぼく、たくさんつかまえすぎちゃった。……あ、逃げるぞ！　また、もどってくる。〔中略〕

一同は、バタバタともがく鳥を、いっぱい手ににぎって花園からのがれ出てゆく。

〔中略〕

幕がおりる。〔中略〕チルチルたちは、とったたくさんの鳥を持って、〔幕の前へ〕走り出てくる。けれども、このときには、鳥はもうみんな魂をうしなったようになって、頭と、はねをだらりとたらして、手のなかににぎられている。

光　青い鳥はつかまったかね？

チルチル　ええ、ええ、ほしいだけ！　千羽もだ。ほら見える？（光に見せようとして、さし出した鳥が死んでいるのを見て）あっ、死んじゃった！　どうしたんだろう？　おまえのもかい、ミチル？……チローのもかい？（おこったように、死んだ鳥をほうりなげて）ああ、つまんないなあ！　だれが殺したんだ？　ぼく、がっかりしちゃった。

（腕で顔をかくして、からだじゅうをふるわせて、すすり泣く）

光（母親のようにチルチルを抱いて）泣くんじゃありませんよ……おまえは日の光のなかでも生きていられるのをつかまえなかったんです。ほんとうの青い鳥は、どこかへいってしまったのね……でも、また見つかりますよ。

犬（死んだ鳥たちをながめて）この鳥、たべられないかなあ……

一同、左手へ退場。

（幕）

（同右、193―196ページ）

長さを厭《いと》わず引用したのは、数知れぬ青い鳥の飛び交う舞台のにぎやかさと、子どもたちの興奮ぶりと落胆ぶりを、舞台上の出来事としてありありと思い浮かべてほしいと思ってのことだ。実際に上演するとなると、作者の意図をどう活かすか、演出上の工夫を施す必要があろう。子ども相手の児童劇の枠を超える作者の思い入れが感じとれる場面だからだ。

何億羽ものにせの青い鳥

劇の題名にもなり、登場人物たちの口からも秘密めかしたその名が何度もつぶやかれた青い鳥が、ここで、封印を解かれたように一斉に空を飛び、空を満たす。何千羽、何万羽、何億羽だというのだから。兄妹がかごに入れてもち帰るのは一羽か二羽で十分なはずだが、空を埋める数限りない鳥の群れを見ればそんな分別はどこへやら、兄妹は夢中になって次から次へと鳥を追いかけ、つかまえる。

地面は夢のような花園、星の輝く夜の空には天の頂上から水平線まで続く鳥の群れ、そして大はしゃぎで鳥を追う兄妹と犬、——華やかな色彩と威勢のいい動きの作りなす舞台にあるのは幸福の情景とひとまずいえるように思う。

が、幸福は続かない。青い鳥をつかまえた兄妹が花園を去ると、華やかさもにぎやかさも威勢のよさも消えて、兄妹は暗い夜に置き去りにされる。鳥は「みんな魂をうしなったようになって、頭と、はねをだらりとたらして」兄妹の手のなかにある。魂を失った鳥はもはや幸福の鳥ではありえない。チルチルは「おこったように、死んだ鳥をほうりなげ」、「からだじゅうをふるわせて、すすり泣く」。空いっぱいに飛び交った青い鳥たちは幸福の鳥ではなかったのだ。追い打ちをかけるように、死んだ鳥を見た犬の、場面最後の台詞《せりふ》がくる。「この鳥、たべられないかなあ……」

場を終わって、花園に舞っていた無数の青い鳥はなんだったのか、改めて問うてみたくなる。夢だったと片づけるには花園の場に生気がありすぎるし、死んだ青い鳥が兄妹の手に残されていることも引っかかる。

本当の青い鳥ではないというのはこれまでもいわれていたし、ここでも光が「ほんとうの青い鳥は、どこかへいってしまった」といっていて、理屈の上で筋が通ってはいる。が、その理屈を受け容《い》れたとなると、にせの鳥を飛ばしたのはだれかという疑問が新たに浮かび上がる。いかにも子どもらしい、無邪気で素直なチルチルとミチルの前に、にせの鳥を飛ばして二人を糠《ぬか》喜びへと誘うよう仕組んだのはだれか、という疑問だ。

劇中の登場人物のうちにそのだれかに当たる者は見つからない。登場人物のなかには兄妹に悪意をもつ者もいなくはないが、その人物たちにしても、にせの青い鳥を空いっぱいに飛ばせて兄妹を興奮させ、しかるのちに鳥の死骸を見せつけて幻滅の悲しみを味わわせる、といった大がかりな策を弄するだけの実力と才覚をもち合わせているとは思えない。

となれば、作者メーテルリンクの幸福観が幾千羽、幾万羽、幾億羽のにせの青い鳥を出現させたのだと考えるほかはない。幸福はそんなに華やかなものでもにぎやかなものでもなく、また、夢中になって求めるものでもない、といった幸福観がそこにこめられていると考えられる。

思い返せば、前場の「思い出の国」に登場した青い鳥からして、すでに明るく晴れやかな幸福の鳥ではなかった。かごに入れると青が黒に変色するような鳥だった。「夜の御殿《ごてん》」の場では鳥の変貌ぶりがはるかに大きな規模で示される。花園の空間全体を華麗に飛び交う青い鳥がいつのまにかいなくなり、兄妹がつかまえた鳥は手のなかで死んでいるという変化として。

時代状況の軽薄さと残酷さ

思うに、空いっぱいににぎやかに青い鳥が飛び交うという情景は、幸福のイメージとして的外れのものではない。幸福の気分が一定の範囲内でだれかれなく人びとの心をとらえ、みなが浮かれた調子で歌い踊るといった情景は、祭りなどの場面でよく見られるもので、空いっぱいに広がる青い鳥の乱舞はその幸福の気分に通い合うものがある。また、そういう村落共同体ふうの幸福の情景を古めかしいというのなら、前章で取り上げたイギリス産業革命期の幸福の情景――生産力の飛躍的発展が社会的富の増大をもたらし、「最大多数の最大幸福」が実現可能だという展望――を、青い鳥の群舞のむこうに想定してもよい。こちらの情景には祭りの情景とちがって一時的な浮かれ気分が場に広がることはないが、前途にゆたかな社会と生活を望めるという思いが人びとに生きる力をあたえているかぎりで、明るさや華やかさと無縁の情景ではなかった。

が、メーテルリンクの『青い鳥』では、明るさと華やかさに満ちた、心浮き立つ青い鳥の群舞がいつのまにか消え去っていき、あとには鳥の死骸が冷たく残る。村落共同体においても都市空間においても幸福の広がる場は容易に成立しえない、というのが作者の時代認識だったと思える。メーテルリンクの戯曲は象徴主義、神秘主義、ロマン主義の名で呼ばれ、『青い鳥』も、夢のなかを旅する兄妹がさまざまな物の精に出会い、その精たちとことばを交わすというその設定からして象徴的、神秘的、ロマン的な戯曲の名にふさわしいが、とはいえ、『青い鳥』は競って海外侵略へと向かう西洋列強の強権政治が人びとの生活に重くのしかかる事実に目をふさぐ戯曲ではなかった。夢の旅を続けるなかでチルチルとミチルは数多くのつらい経験をし、苦《にが》い思いを味わうが、そういう経験や思いのなかに人間性の醜さや歪み、時代状況の軽薄さや苛酷さを投影することを、メーテルリンクはためらわなかった。

幸福の存在への疑い

劇中の台詞《せりふ》で「ほんとうの青い鳥」ということばが何回か出てきて、青い鳥に本物とにせもののあることが知られるし、現に「夜の御殿《ごてん》」の場でも、「ほんとうの青い鳥は、どこかへいってしまったのね……でも、また見つかりますよ」という、チルチルを慰める光のことばが発せられもするけれども、台詞にそれほどの力強さはない。前の場での青から黒への変色と重ね合わせると、本当の青い鳥の存在がかえって疑わしくなるような台詞だといえなくもない。

鳥の存在への疑いは当然にも、鳥の象徴する幸福の存在への疑いへと連なっていく。幸福を手にして旅から帰ってくるはずのチルチルとミチルが、幸福を得られないまま空手《からて》で帰るのではないか、幸福への願いはむなしい願いではないか、という疑いが胸の底に蟠《わだかま》る。消えずに残るその疑いをかかえつつ戯曲の後半を読み進むとき、『青い鳥』がいかにも二〇世紀の劇作だなと思えてくる。人びとの個人としての活動も集団としての活動も外へ外へと広がりながら、そのつながりが容易に幸福や幸福への願いに結びつかないのが二〇世紀的なことに思えるのだ。『青い鳥』はそういう時代を生きた劇作家が時代の空気を舞台の空気としえた名作だといえるように思う。

さて、夢の旅を終えたチルチルとミチルは朝のベッドで目を覚ます。いまだ夢と現実のあわいをさまよう二人のところに隣家の老婆がやってきて、脚を病む自分の娘がチルチルの鳥を欲しがっている、もらえないものか、と遠慮がちに所望する。チルチルは自分の鳥を見て次のようにいう。

チルチル　やあ、あれ青いや……なんだ、ぼくのハトじゃないか……でも旅に出るまえよりずっと青いや……なんだ、ぼくたちがさがしてた青い鳥だ！　あれだな！……ぼくたち、ずいぶん遠くまでいったけど、この鳥、ずっとここにいたんだな……ああ、すてきだな！〔中略〕（いすの上にあがり、かごをおろして、となりのおばあさんのところへ持ってゆく）さ、ベランゴーのおばあさん、これ、まだすっかり青くはないけど、いまに青くなるでしょ、きっと……はやく、あなたの家の娘さんに、持っていってよ……

となりの老婆　ほんとかね？〔中略〕ああ、あの子がどんなによろこぶだろう。〔中略〕

チルチル　そう、そう、はやくおいでなさいよ。色がかわっちゃう鳥もいるからね……

（同右、275―276ページ）

チルチルは夢のなかを旅していたときよりも大人《おとな》びた子になっている。夢のなかでの経験が生きているのであろう。自分のハトが青くなっているのを見ても、かつてのように興奮はしない。青い鳥を突き放して冷静に見ることができていて、青が変わるかもしれないことも計算に入っている。

そういう形で作者は幸福への願いが容易にかなえられない時代状況を、子どもにも共有させようとしている。子どもの無邪気さを思うと、夢破れてもはや幸福など望まないというのは残酷にすぎる。といって、これまで通りひたむきに幸福の鳥を追いかけるというのでは、劇のダイナミズムに反する。幸福への願いは失わないながらも、願いが容易にかなえられないことを曖昧《あいまい》なままに意識しているような境地、——子どもにふさわしいものとしてメーテルリンクはチルチルにそういう境地を用意したかったのではなかろうか。

幸福を求めつづけること

長編児童劇を締めくくるのは、チルチルと脚の治った隣家の女の子との対話である。女の子は胸にチルチルの青いハトを抱き、チルチルがそのハトの頭をなでながら女の子に話しかける。

チルチル　これくらい、青きゃいいの？
女の子　ええ、あたし、ほんとにうれしいのよ……
チルチル　ぼくね、もっと青いの見たんだよ。でもね、まっさおなのは、どうしても、とれなかった。
女の子　かまわないわ、これ、かわいいわ……
チルチル　なにか、たべさせた？
女の子　まだよ、なにをたべるの？
チルチル　なんでも、麦でも、パンでも、トウモロコシでも、コオロギでもね。
女の子　ねえ、どうやってたべるの？
チルチル　くちばしでさ、ねえ、ぼく、見せてあげよう。
　女の子の手から鳥をとろうとして動く。女の子は思わず、とらせまいとする。ふたりがまごまごしているのに乗じて、ハトは、とんで逃げてしまう。
女の子　（失望して叫ぶ）かあさん！……逃げてしまった！……（泣きだす）
チルチル　大じょうぶだよ。泣くんじゃないよ。ぼく、またとってあげるからね。（舞台の前の方へすすんで出て、お客さんたちにいう）みなさんのなかで、どなたでも、あの鳥を見つけられたら、どうぞぼくに返してください。ぼくたちの幸福のために、いまに、あの鳥がいるのだから。

（幕）

（同右、278―279ページ）

青いハトは色が変わるのでも死ぬのでもなく、手元から逃げていく。劇の終わりに軽やかさが求められたのかもしれない。いずれにせよ、幸福の得がたさは劇の基調音として最後まで低く鳴っている。

が、幸福の鳥にたいするチルチルの向き合いかたにははっきりとした変化が見てとれる。鳥が逃げてもチルチルは動揺しない。動揺するのは相手の女の子のほうで、チルチルは女の子の慰め役に回っている。夢の旅の経験を積んでチルチルが幸福にたいして柔軟に、冷静に、向き合えるようになったことを示す幕切れだ。成長したチルチルのすがたがこの場面を爽やかなものにしている。

最後の最後でチルチルは客席に向かって、鳥を見つけた人は返してください、幸福になるために鳥が必要なのだから、と言う。チルチルは返ってくると信じているのか、返ってこないかもしれぬと思っているのか。どちらともとれるいいかただ。

返ってくるかこないかはもはや決定的なことではない、と作者は言いたいようだ。ようやく手に入ったと思った鳥が逃げて劇が終わるのだから。大切なのは、青い鳥がいるかどうか、返ってくるかどうかより、青い鳥を求めつづけることだ、と、そうメーテルリンクは言っているように思える。幸福を得るのが困難な時代状況が改めて思い起こされ、それでもなお希望を失わないで生きていくのがいまを生きるということだと人びとに――とりわけ子どもたちに――訴えかけたかったのだとも思える。

では、希望を失わないで生きていくとはどういうことか。そのとき、幸福はどんな形を取ってあらわれてくるのか。

幸福の困難を自覚しつつ幸福への道をさぐるのが二〇世紀の幸福論だった。

2 健全なる精神――アラン

アラン（一八六八―一九五一）の『幸福論』はけっして熱っぽくはならない、落ち着いた静かな語り口がなにより大きな特徴だ。

幸福が人間にとって大切なものであり、願わしいものであることは古今を通じて変わらない。しかし、文明の進歩や富の増大が人びとの暮らしを幸福なものにしたとは到底思えず、むしろそれによって幸福の本来のすがたが見えにくくなっている、とアランは考える。文明や富は幸福の源泉とはなりえず、場合によっては、幸福とは方向性のちがう欲望や熱情や名声へと人びとをかり立てる。必要なのは文明や富にまつわる欲望や熱意から身を引き離して、幸福の本来のすがたをきちんと見すえることだ。そうアランは考える。

では、幸福の本来のすがたとはなにか。アランの『幸福論』はそのすがたとそこに近づく道を身近な事例に即して具体的に語った九三篇の短文を一冊にまとめたものだ。幸福が平穏な日常のうちにさりげなくあり、ゆったりとした気分で近づくべきものだと考えるアランにとって、幸福論の語り口もまた落ち着いた静かなものでなければならなかった。

心身の安定とゆとり

たとえば一九番目の短文「あくびの術」はこう書き出される。

暖炉のそばで犬があくびをすると、それが、あれこれ考えるのは明日にしなさい、という猟人たちへの忠告となる。なんの造作《ぞうさ》も気取りもなく伸びをするこの生命の力は、見ていて美しく、つい真似をしたくなる。居合わせたみんなが伸びをし、あくびをしないわけにはいかず、それが眠りの前奏曲となる。あくびは疲れのしるしではなく、内臓に深々と空気を入れることによって、注意と論争にのめりこむ精神に別れを告げる動作なのだ。この精力的な転換によって示されるのは、体という自然が生きることに満足し、考えることに倦《あ》き倦きしていることだ。（Alain, *Propos sur le bonheur*, Gallimard Folio, 2005, pp. 52-53）

アラン

知性の人アランにあるまじき文章だと思う人もいるかもしれない。デカルトを師と仰ぎ、フランス風モラリストの一人として知と思考が暮らしに根づくところに人間の人間らしさを見るアランが、ここでは思考をむこうへと押しやるあくびの術を推奨しているのだから。

が、アランは知や思考ならばどんなものでもよしとする人ではない。知と思考が外の世界と自由に行き来し、自分をも外界をも柔軟に多面的に考察の対象とすることを求めるのであって、内に引きこもり、あれこれと思い悩むことを好まない。知と思考の柔軟性と多面性は知と思考そのものにも向けられねばならないので、自分の内にこもり、自分に凝り固まった知と思考はおのれを失ったものとして厳しく批判されねばならない。

その批判が、いうならば体の自然な反応として生じたもの、それがあくびにほかならない。

となれば、あれこれ思い悩むことよりもあくびのほうが知的だといってよい。

あくびは緊張や注意にたいする生命の復讐であり、健康の回復であって、あくびが伝染するのは、あくびがまじめさの放棄だからであり、のんきさを大っぴらに宣言するようなものだからだ。それは、整列の解散を告げる合図のように、みんなの待ちうける合図である。そうやって気楽になるのを拒否する人などいるはずがなく、あくびとともにまじめな気分は消えていく。(ibid., p. 53)

引用を重ねた短文の標題は「あくびの術」となっているが、あくびのしかたに一定の要領があると考えてアランはそんな標題をつけたのではあるまい。あくびはその場の空気と自身の心身の具合によって、なかば自然に出てくるものだ。まじめな人はなかば自然なそのあくびを嚙み殺そうとするし、人があくびをするのも快く思わない。それをアランは道に外れたふるまいであり、狭隘《きょうあい》なものの見かたであると考える。場そのものを無用の緊張や不必要な屈託が覆《おお》っているがゆえに、なかば自然にあくびが誘発されるのであって、そこではむしろ、伸びをし、あくびをして緊張を解きほぐし、屈託を逃れることが賢明だと考えるのだ。いまの引用であくびは「生命の復讐」と呼ばれ、一つ前の引用ではあくびを引き出す力が

「生命の力」と呼ばれていたが、心身に宿る生命が緊張を嫌い、ゆったりとした安定感を取りもどそうとしているとき、生命の流れに沿ってあくびを受け容《い》れるのが人間の理性に——知と思考に——かなうことだとアランは考えるのだ。

伸びをし、あくびをし、心身の安定とゆとりを取りもどす。そこに日々の暮らしにおける幸福の基本的構図を見てとろうとするのが、アランの幸福論だ。あくびといった人間の生活にとって理論上も実践上も些細《ささい》な意味しかもたないしぐさと幸福とを結びつけるのは奇矯の感をまぬかれないが、アランに奇を衒《てら》う気はまったくなく、伸びやあくびや、はたまた微笑《ほほえみ》のような、さりげない動作やしぐさを無理なくくりだせる心身のありかたこそが、アランの幸福論の原点をなすものであった。

観念過剰、感情過多への戒め

そうした心身の安定とゆとりの対極にあるのが緊張、苛立《いらだ》ち、思い悩みであり、不安、恐怖、憎悪、悲しみ、悔恨、絶望である。気を許すと、そういうもろもろの不幸の種がすぐにも心身に芽生えてくる。アランが伸びやあくびや微笑を殊更《ことさら》に顕彰し推奨するかに見えるのは、人びとが無意識のうちに、また意識的に、不幸の種をかかえこみ、心身のうちに芽生えさせてしまうことへの思想的反撃という面が小さくなかった。

恐怖のなかには実《みの》りなき動揺以外になにもないし、思いに浸れば恐怖が増すばかりだと思う。人間は死を考えた途端に死が怖《こわ》くなる。その通りだと思う。が、なにもしないで考えるとき、怖くないものがあろうか。自分の考えがたんなる可能性の世界に迷いこむとき、なんだって怖くなる。試験のことを考えただけで下痢をすることがある。内臓が動くのを感じとって、剣先を突きつけられたと思う人もいよう。が、話がちがう。胃腸に火がついたのは、考えることなどないのにぐずぐず考える優柔不断のせいだ。(ibid., p. 45)

観念過剰、感情過多を戒める言だ。一九世紀末から二〇世紀前半のフランスに生きるなかで、アランはまわりの人びとの行動やふるまいのなかに観念や感情の肥大していくさまをいやというほど見ていた。産業の発達、都市への人口集中、衣食住の変化、生活の多忙化、規律・規制の強化、人づき合いの多様化、情報の量的拡大と質的細密化、等々、心身のゆとりや安定を突き崩し、人びとを緊張や苛立《いらだ》ちや神経過敏や情念の動揺へと導く社会の潮流は文明の高度化と切り離しがたく結びついていた。

それを承知の上で、日々の暮らしにおいて、あくまでも心身のゆとりと安定を守りぬこうとする。それがアランの幸福論の眼目だった。

めまぐるしい状況の変化、生活の多様化・多忙化、情報の拡大のなか、過剰な観念や感情を容赦なく押しつけてくる世情に抗して、心身のゆとりと安定を守るには、そうした潮流から身を引きはがすようにして自分のもとへと立ちかえり、熱っぽい社会の動きの浅薄さと虚偽性を見ぬく必要があった。世の喧騒を離れておのれに立ちかえり、事態を成心なく冷静に見つめるという心の動きを、アラン自身がやってみせている典型的な事例がある。タイタニック号沈没事故にまつわるものだ。

タイタニック号沈没事故

これは乗客・乗員二二二四人中一五一三人が死亡した世界最大の海難事故で、起こったのは、一九一二年四月一四日深夜から翌一五日未明にかけてのことだった。隣国イギリスの豪華客船の沈没はフランスでも大きな話題となったことであろう。事のわずか一〇日後にアランは「悲劇」と題する短文を書く。そしてその冒頭に、危《あやう》く死をまぬがれた人の頭に残る惨劇のさまを何枚かの連続写真のごとくに描写してみせる。

舷窓《げんそう》にせまる氷の壁、一瞬のためらいと期待。次に、静かな海の上に照らし出された船体の巨大なすがた。次に、傾く船首。突然消える明かり。わき起こる一八〇〇人の叫び。

塔のようにそそり立つ船尾と、大音響とともに前方へと落下していく機材。最後に、ほとんど渦巻も立てずに海中へとすべり行く巨大な柩《ひつぎ》。静寂な世界に広がる冷たい夜。あとに続く寒さ、絶望、そして、ついにやってきた救助。（ibid., p. 41）

事故の悲劇性を立体的に浮かび上がらせるべく、アランが想像力を働かせて構成した文章だろうが、ひょっとして新聞や雑誌に載った生き残りの乗客の体験談なども折りこまれているかもしれない。似たような恐怖の情景描写や心理描写は、事故後しばらくはジャーナリズムのあちこちで見られたにちがいない。

それらの記事に張り合おうとしてアランは右の文章を書いたのではむろんなかった。こうした熱っぽい、芝居がかったイメージをどう解毒《げどく》して心の平静を保つのか。そこのところを考えるべく、アランはあえてジャーナリズムに身を寄せるようにして素材となるイメージの創作に向かったのだった。

悲劇のイメージを超えて

解毒は、ジャーナリスティックな熱っぽいイメージが、現場に居合わせた人の体験とはまったくちがうことを明らかにするという形を取る。

海上を進む明るく照らされた、静かな、どっしりとした船のすがたは、そのときは人びとに頼もしく感じられた。が、思い出のなかでは——人びとの夢想やわたしのイメージのなかでは——それが恐ろしい待機の瞬間となる。いまや、事情を知り、理解し、断末魔の苦しみを一刻一刻味わう見物人を相手に、悲劇がくりひろげられる。しかし、現場の行動のなかには見物人は存在しない。反省する人などいない。情景が変わるとともに印象が変わる。もっと正確にいえば、情景などはどこにもなく、予期せぬ知覚、わけの分からぬ脈絡のない知覚と、とりわけ思考を水没させる行動がある。瞬間ごとに思考は難破し、イメージはあらわれては死んでいく。出来事が悲劇を殺してしまっている。死んだ人たちはなにも感じなかったのだ。（ibid., pp. 41-42）

「見物人は存在しない」「情景などはどこにもなく」という断言が、悲劇のイメージを踏みこえて事実そのものを見つめようとするアランの強靭な意志を伝えている。海上を静かに航行する船が突如、氷の壁にぶつかり、船首が傾き、明かりが消え、大きな悲鳴の上がるなか、船尾がそそり立ち、巨大な船体が海に突っこみ、あとには静かな冷たい海が広がるというイメージは、あとになって思い出され反省されたイメージ、あるいは、現場に居合わせなかった人が悲しみを胸に事実の断片らしきものをもとに織り上げたイメージにすぎず、事実ではない。そうアランはいうのだ。事実としてあったのは、「予期せぬ知覚、わけの分からぬ脈絡のない知覚」であり、「思考を水没させる行動」であり、なにも感じることのなかった死者たちなのだ、と。

豪華客船の沈没事故は多少とも死者に身を寄せれば、悲劇としかいいようのない出来事だ。だから、悲劇ふうのイメージを事実ではないと切って捨てるアランの筆法を、死者に冷淡な論の展開だと感じる向きもあるかもしれない。が、死者への共感や同情の表明を超えて、難破船上の人びとの心の動きにせまろうとするのがアランの短文のねらいだった。

悲劇のイメージを振り払って事実に即こうとする目に見えてくるのは「わけの分からぬ脈絡のない知覚」を次々に受けとる人びとのすがたであり、「思考を水没させる〔ゆっくり考える余裕のない〕行動」を取るほかない人びとの動きだった。事故が歴史に名をとどめるほどの特別の出来事であり、その大事故に船のなかで遭遇するのは類稀《たぐいまれ》な特別の経験であるという意味で、船内の人びとの知覚と行動は特別なものだとはいえるが、アランはその特別の知覚と行動をあくまで人間としての知覚、人間としての行動としてとらえ、人間の枠を超える過剰の意味をそこに付与しようとはしない。さきの引用の末尾に、「出来事が悲劇を殺してしまっている。死んだ人たちはなにも感じなかったのだ」とある。出来事が現実に起こったとなれば、出来事に遭遇した人はそれを一つのまとまった悲劇として楽しむことも喜ぶこともも悲しむこともできず、もっとずっと身近なところで、(感じるというより)刻々変わる状況を知覚し、それに合わせて行動していたとアランは考えるのだ。

困難な状況下での生きる力

その知覚と行動が異常な状況下での異常な知覚であり異常な行動であるのは否定できない。アランもそのことは否定しない。しかし、現場にいた人が悲劇に巻きこまれた悲劇的な人物として知覚し行動していたとは考えない。人びとは異常な状況下にあっても、悲劇を生きていたのではなく、現実を生き、現実の世界のなかで現実の事物を相手に知覚し行動していたと考えるのだ。思いがけぬ事態の出現にあわてふためき、とまどい、不安や恐怖に襲われもしただろうが、そのなかでも人びとの現実の知覚はなんとか事態を的確に把握しようと努め、人びとの現実の行動はなんとか生きのびる道を探していたにちがいない。少なくともそこには、悲しみや絶望に打ちひしがれることのない、状況と向き合って生きていこうとする力が息づいていたはずだ、と。

一〇日前に起こった世上をにぎわす大海難事故に思いを致す際にもアランは、死者の知覚と行動のうちにも生残者の知覚と行動のうちにもあった、人間の生きる力に思索のよりどころを見出そうとする。過剰な観念と過剰な感情のまといつく大悲劇へと仕立て上げられがちな事件にたいして、冷静さを失うことなくそれに対峙していくには、困難な状況下でなおおのれを失うまいとする人間の生きる力に目を据えることがなにより大切だった。それが、大事故のなかに悲しみや絶望や不幸ではなく、なんとか希望や生命を見出す、アラン流のものの見かただった。

こうしたものの見かたは、日々の暮らしに立ちあらわれる矛盾や困難をみずから解決し克服していくところにこそ人間の幸福の基本形があるとするアランの幸福論に通じている。「アリストテレス」と題する短文にいう。

幸福はわたしたちのもとからいつでも逃げていくといわれる。人からもらった幸福についてはそれは本当だ。人からもらう幸福など存在しないからだ。しかし、自分の作り出した幸福はだましたりしない。それは学ぶことであり、人はいつでも学んでいるのだから。

(ibid., p. 114)

難破船上の乗客・乗員たちも、その事故に直面してみずからの知覚と行動を通じて必死に生きぬこうとしているかぎりでなにかを学んでいたのであり、なにかを学んでいるかぎりで不幸一色に塗りつぶされはしない存在だというのがアランの幸福論のさし示すところだ。

小屋を作る石工のすがた

が、異常事態のもとでの幸不幸を考えるのがアランの幸福論の主旨ではない。身近な暮らしのうちにある幸福に光を当て、そのありさまとなりたちについて考えるのがかれの知性のおのずと向かうところだ。

右の引用の一〇行ほどあとに次のようなことばがある。

すべての行動においてそこに本当の進歩があるかどうかは、行動に喜びが感じられるかどうかが決め手となる。となれば、仕事こそが唯一の心地よいものであって、仕事をしていればそれで十分なのだと分かる。わたしのいうのは自由な仕事のことで、それは力によってもたらされるものであると同時に力の源でもある。くりかえしいえば、受身の仕事ではなく、自分からする仕事だ。

暇を見つけては自分の小屋を作る石工《いしく》のすがたはだれでも見たことがあろう。石工が石の一つ一つを選ぶのが見られたはずだ。この喜びはあらゆる手仕事のうちにあるのであって、というのも、職人はつねになにかを作り出し、学んでいるからだ。(ibid., p. 114)

難破船上で次々と思いがけない事態に遭遇するなかで、みずからの知覚と行動によってなんとか生き延びようとする人びとと、暇を見ては手頃な石を見つけ、それを一つ一つ積み上げて好みの小屋を作る石工とのあいだには、その行動様式に目の眩《くら》むような懸隔があるといえよう。が、アランは天と地ほども離れた二つの行動様式のうちに同じ生きる力と生きる充実感を見てとろうとする。難破船上の乗客・乗員も自分の小屋を作る石工も、目の前にある出来事や対象とじかに向き合い、過剰な観念や感情を介在させることなく、次の行動へ、その次の行動へと進んでいくことが求められ、心身が求めに応じようとすることによって、そこに心身に具わる生命力がおのずと発動し流露するといった具合なのだ。いまの引用には「喜び」ということばが二度ほど出てくるが、自分の心と体が自然とそちらへと動き、新しいなにかを作り出そうとして失敗もし、その都度《つど》なにかを学びながら事態を前へと進めていく仕事が、アランにとっては幸福のもっとも原始的な形であり、もっとも基本的な形だった。

健全な精神

そうした喜びや幸福をわがものとするには、無益な観念や夢想や感情に振りまわされない健全な精神が必要だった。外界とまっすぐ対峙し、そこにあらわれてくる事物の抵抗感――

ままならなさ、扱いにくさ——をしかと受けとめ、理にかなった思考と行動によって大小の困難を克服していく精神が必要だった。

そうした精神は万人に具わっていると考えるのがアランの人間観だったが、その精神がさきの石工や庭師や樵夫《きこり》のうちに働く具体的なありさまに注目するのがアランの思考と表現の流儀だった。道具を手にして働く人びとはそのことだけですでに健全な精神の持主と考えられた。短章「預言者の魂」から引く。

臆病な人は、人づき合いのなかで、すべてを聞き、すべてを寄せ集め、すべてを解釈しようとする。〔中略〕が、賢い人は、すぐれた庭師さながら、しるしのあれこれや話のあちこちを刈りこむ。世の中ではそれがいっそう役に立つやりかたなので、というのも、放っておくとあらゆるものがこちらに触れてきて行く手を阻むからだ。〔中略〕開墾することが大事だ。知人に感じやすい女性がいて、幹や枝が切られるのを見て心を痛めていたものだが、しかし、樵夫がいなかったら、あたりには藪《やぶ》や蛇や湿地や熱病や飢えがすぐにまた広がるだろう。同じように、だれもが自分の気分を開墾しなければならない。自分の気分を否定することは、ものごとを軽々しく信じないことだ。この世を切り拓くのは鎌《かま》と斧《おの》だ。それによって夢想が追い払われ、並木道ができる。そうやって前兆は押しかえされるのだ。反対に、自分に甘え、あれこれの印象を崇《あが》めるようになったら、世界はわたしたちの前で閉じてしまう。世界は現に目の前にあるからこそ交流できるのだ。

(ibid., pp. 62-63)

自分に甘えるよりも外界としっかり向き合うことを、あらわれては消えるはかない印象によりかかるのではなく行動によって世界を変えていくことを、アランは幸福な生活の大切な条件だと考える。並木道を作るには鎌や斧を手にし、体を動かして開墾しなければならないし、幸福な生活を築くにはみずから目標を定め、心と体を動かし一歩一歩その実現に向けて進んでいかねばならない。「下手《へた》の考え休むに似たり」という俚諺《りげん》をもじっていえば、アランは、休んで考えるのが不幸のもとだ、むしろ、現場に身を置いて——少なくとも現場につながる形で——体を動かして考えよ、といっているように思える。現場に身を置き体を動かして考えることは、過剰な観念や感情を追放し、自分が実《じつ》のある存在として現実と現実的に交流することにほかならない。

自分の心と体を落ち着きのある安定した状態に置き、冷静に外界と対峙する。それが人間にふさわしい位置の取りかただとアランはいう。この考えに、すでに述べた、幸福は人からもらうことはできず、自分で作り出すほかはない、という考えを重ね合わせれば、アランが一個人という枠組をがっちりと設定し、その枠内で人の幸不幸のありさまを問おうとしているように見える。が、そうではない。現実の人間をとらえるのに、心と体が一体となった個人を独自の存在と見なし、その自由と主体性を限りなく尊重する点でアランはまちがいなく個人主義者だったけれども、人間の幸福や喜びを考えるに際しては、独自の存在としての個人が孤立していては幸福も喜びもゆたかに成育することは望めず、単位としての個人が自然に、自由に、交流する場でこそ人間的な幸福や喜びが育《はぐく》まれると考える個人主義者だった。

確固たる楽天主義

「友情」と題する短章は友情が喜びである所以《ゆえん》をこう解き明かしている。

友情のうちにはすばらしい喜びがある。喜びが伝染することに気づけば、そのことは難なく理解できる。わたしがそこにいることで友人が本当の喜びを少しでも味わうようなら、次はその喜びを目にしたわたしが喜びを感じる番だ。こうして、あたえた喜びは自分へと帰ってくる。同時に、喜びの宝は自由に扱えるものとなり、友人二人はともども、自分のなかには手つかずの幸福があったのだ、と呟《つぶや》く。

〔中略〕満足している人も一人だけだと満足していることをすぐに忘れてしまう。喜びの

すべてがすぐに眠ってしまい、一種の茫然自失、無感覚に近い状態になる。内面の情感は外へと向かう運動が必要なのだ。〔中略〕
一人でいるかぎり、人は自分になることができない。とんまなモラリストは、愛することとは自分を忘れることだというが、単純すぎるものの見かただ。自分自身から離れれば離れるほど、自分自身になり、自分が生きていることを強く感じることになるのだ。（ibid., pp. 176–177）

右の文章が友情について書かれたものであることを忘れないようにしよう。友情で結ばれた友人同士のあいだには喜びが自由に往き来し、それがそのままいまを生きる充実感となるとアランはいうのだ。だれにたいしてもそういう友情がなりたつとまではアランは考えなかったが、だれにたいしてもなりたつ可能性があるとは考えていた。アランは宗教からは遠い思想家だったが、現実の経験をもとに思索を重ねるなかで、人と人とが友情で結ばれる可能性を深く確信するに至った思想家であり、その確信が、さまざまな不幸や惨禍を生きるなかでも、喜びや幸福や希望について生き生きと語る姿勢をゆるぎなく支えていた。個としての人間が外界と向き合うとき、そこに冷静で堅実な知覚と思考と行動が保たれていれば、どんな状況下でも生きる充実感を味わう可能性が奪われることがないのと同様、生身の個人と個人が向き合うとき、相手を対等な人間として大切に思う友愛の気持ちがあるかぎり、つき合いの持続がたがいの生きる力を拡大・深化させていく道が閉ざされることはない、――アランの非宗教的な思想の根底にはそういう確固たる楽天主義があった。

幸福になる義務

友情に結ばれた関係のなかでは、喜びが自由に行き来し、自分の喜びや幸福が相手の喜びや幸福となり、相手の喜びや幸福が自分の喜びや幸福となる。となると、幸福になること、幸福をめざすことが相手にたいする義務となる。短文集『幸福論』の終わり近くに「幸福になる義務」と題する短章が置かれ、そこにこう書かれる。

わたしには明々白々なことだが、人は幸福になろうと思わなければ絶対に幸福にはなれない。だから、自分の幸福を望まなければならないし、自分の幸福を作り出さねばならない。

もっといわれて当然なのが、幸福になることは他人にたいする義務でもあることだ。幸福な人しか愛されない、とはよく耳にするもののいいだけれども、幸福な人は愛されて当然だし、愛されるに値する人であることが忘れられている。というのも、わたしたちみんなが吸う空気のなかには不幸や憂鬱や絶望がふくまれているからで、力強い実例を示すことによって瘴気《しょうき》を払いのけ、みんなの生活をなにほどか浄化してくれる人にたいしては、謝意を表し、勝利の栄冠を授与しなければならないのだ。実際、愛のうちには幸福になるという誓い以上に深遠なるものはない。自分の愛する人の憂鬱や悲しみや不幸ほど乗りこえにくいものがあるだろうか。男女を問わずすべての人が生涯にわたって考えつづけねばならないのは、幸福こそが——自力で獲得した幸福こそが——もっとも美しい贈物であり、もっともゆたかな贈物だということだ。（ibid., p. 210）

心と体を具えた一個人が外の世界と関係するとき、関係する相手は類別すれば自然なるものと人間の形を取るものとの二つに大きく分かれる。大別される二種の相手との関係において、心身が安定した状態にあり、相手とのかかわりが自在でゆたかであることをアランは人間的なことだと考え、自然にたいして、また他人にたいして、自在でゆたかなつながりを保つことを幸福の名で呼んだ。自然との関係においては体を動かし道具を使って仕事をすることが幸福の原形であり、他人との関係においてはたがいに相手にたいして友情ないし愛情を感じられることが幸福の原形だった。

が、そういう幸福を頭上に掲げて読者をそこへ導こうとする書物とは、アランの『幸福論』はまったくちがっていた。話題の卑近さと多様性、語り口の自在さからすると、「幸福論」という書名からして堅苦しすぎるとの印象を拭《ぬぐ》えない。アラン自身、この本の序文に当たる「モール＝ランブラン夫人への献辞」で、「論をなすつもりはなかった」とわざわざ明言しているほどだ。実際、本の作られかたが幸福についてのアランの考えと密接につながっている。節を終わるに当たってそのことに触れておきたい。

「プロポ」というスタイル

アランの『幸福論』が九三篇の短文の寄せ集めであることはすでに述べた。短文の一つ一つは「プロポ」（話題、お話、言いたいこと、といった意味）と銘打った新聞のコラムとしてほぼ毎日連載され、内容的に近いものを集めて単行本として刊行するときも『美についてのプロポ』『文学についてのプロポ』『政治についてのプロポ』といった形で出版された。『幸福論』も原題に忠実に訳せば『幸福についてのプロポ』となる。初版が一九二五年に出て、そのときに集められたのは六〇篇のプロポ。それが一九二八年の第二版では九三篇のプロポにふえている。

プロポの一回分は、日本語の訳文でおよそ一七〇〇字。その短文をアランは一九〇六年から一四年まで「ラ・デペシュ・ド・ルーアン」紙に、二一年から三六年まで「リーブル・プロポ」紙に書いた。後半は毎日とは行かなかったが、二三年の長年月にわたって合計五〇〇〇篇のプロポを書きつづけた。

テーマを定めて首尾の整った短文を毎日書くという連載の形式に慣れることは、アランにとって、大仰に振りかぶることなく、自然体で自分の思いを簡潔に、的確に、ことばに定着する作風を身につけることだったように思われる。調子に乗ってはしゃぐわけにはいかない。自分に酔うわけにはいかない。だれかに迎合することも媚びを売ることも禁物だ。世間の目を憚《はばか》って論の切っ先を鈍らせるのは論外だ。そういう、もの書きとしてやってはならないことをアランは日々確かめながら短文を書き進めていったように思われる。見かたを変えていえば、心に平静を保って沈着に思考を進め文を綴《つづ》ることは、連載という形式そのものの求めるところだったということができる。

情念の波立ちを抑え、過剰な観念や感情に引きずられることなく、心身の安定を保って外界と対峙し、他人とかかわること、――アランの幸福論の基本形はそんなふうに設定されていたが、同じ心身の構えは日々連載を続けていく営みのなかでも必要とされるものだった。そして、必要とされる心身の構えをわがものとしえたからこそ、合計二三年もの長きにわたって書きつづけることができたのだが、その構えが幸福の基本形に重なるとなれば、構えを身につけたアランが、書くことに喜びを、あるいはしあわせを感じていたことは疑いを容《い》れない。『幸福論』のもとに集められたのは五〇〇〇篇のプロポのうちの九三篇、わずか五〇分の一にすぎないが、『幸福論』に採用されなかったプロポの多くにも理知が沈着冷静に働く幸福の気分が流れていた。

『幸福論』に集められたプロポの一つ一つは、そのときどきに思いついた事柄について書いたものだから、たがいの結びつきは弱い。各プロポの末尾に記された日付を見ると、古いプロポと新しいプロポが順不同に並べられていて、内容上のつながりを多少とも意識した配列なのだろうと思えるが、さぐりを入れてもつながりがはっきり見えてはこない。幸福に多少とも関連する短文をばらばらに並べた書物という印象が最後まで残る。

が、それがかえってアランらしいとも思える。幸福は簡単に手に入るものではないが、どんな境遇のどんな人にとっても求めて得られないものではない、というのがアランの考えだからだ。どんな事柄をきっかけにしても、そこから幸福へと至る道を考えることができる。なにより大切なのが苛立《いらだ》ちや悲しみや恐怖に心が揺さぶられないことで、必要なのは冷静な思考であり、堅実な行動であり、他人への信頼だ。そう考えるアランにとって、なんらかのテーマを得てそれについてプロポを書くことは、まさしく冷静に思考をめぐらし、堅実な行動を取り（ものを書くことは行動の一つだ）、他人を信頼することにほかならないのだから、すでにして幸福への道に歩を進めることなのだ。

日常茶飯の出来事から出発

『幸福論』に収録されたプロポに限らず、プロポに取り上げられる話題は日常茶飯《にちじょうさはん》の出来事が圧倒的に多い。毎日書くという連載の条件からしてそうなるのは自然なことのような気がする。が、日常茶飯の出来事から出発して、そこから書く自分をも読む読者をも喜びと幸福の境地へと導くのは、けっして簡単なことではない。必要なのは、大小さまざまな社会の動きを的確にとらえる洞察力と、その社会にあって人間らしく生きていこうとする人びとの暮らしぶりを丁寧に見ていく観察眼だが、人びとと共に生きるのを楽しみとするアランは、右にいう洞察力と観察眼を日々鍛えるような場に身を置いていたといってよく、だからこそプロポも長く書きつづけることができたのだった。

日常茶飯の出来事とひかえ目な喜びとが懐《ふところ》の深い思考のなかでおのずと結びつく。そのさまをのびのびとした文の流れに写したものが『幸福論』の短文だ。文の流れを追ううちに幸福にたいするアランの考えかた、身の処しかたが浮かび上がり、それが、日々を生きるアランの生きかたと密接不可分なのが分かってくる。社会が幸福をめぐんでくれるとは到底いえない時代にあって、アランはそのようにして幸福を生きようとした。こうして、幸福の困難な二〇世紀という時代に、淡いが、けっして消え去ることのない光の射してくる幸福論が射しこむ光が地味でひかえ目な場面や情景を照らし出す。そこに思想の力が感じられる。生まれた。

3　常識の立場——ラッセル

アランの『幸福論』の刊行が一九二五年、その五年後の一九三〇年にバートランド・ラッセル（一八七二—一九七〇）の『幸福論』が世に出た。ときにラッセルは五八歳、社会を観察する視野の広さといい、人生経験の積み重ねといい、幸福について語るのにふさわしい年齢の著作だった。

アランの『幸福論』が身近な心と体の状態にたえず目を向け、自分と静かに対話を重ねるように論を進めるのにたいして、ラッセルの『幸福論』は、周囲の人びとの幸福そうなすがたや不幸らしきすがたを冷静に観察し、その人たちが少しでも安らかに楽しく日々を過ごせるようにと静かに語りかける、——そんな形で論の進む書物だった。語りかける相手としては議論のための議論を好む知識人ではなく、家庭をもち仕事をもつごく普通の生活者が想定されていたから、『幸福論』の語り口はラッセルの数ある著作のなかでも取りわけ平明で親しみやすい。

楽天的な世界観を後楯に

そうした自分の立場をラッセルは「常識の立場」だという。世の中に広く受け容《い》れられている常識を拠りどころとして普通の人びととつながろうというのだ。常識にもとづくつながりとは、たとえばこんな形を取るものだった。

わたしの目的は、文明国の大多数の人が苦しんでいる、日々の、ありふれた不幸にたいする一つの治療法を提示することにある。その不幸は明確な外的原因をもたないため、逃れがたいものに思え、それゆえいっそう耐えがたいものとなっている。わたしの信じるところ、この不幸はその大半がまちがった世界観、まちがった倫理、まちがった生活習慣によるもので、それが昂《こう》じると、人間であれ動物であれ、すべての幸福の大もととなる、さまざまなものごとにたいする自然な熱意や欲求が破壊されるのである。こうした事柄は個人の力でどうにかなることであって、だからわたしの提案しようとする変化は、個人が人並の幸運にめぐまれれば自分の幸福を達成できるような、そんな変化である。（Bertrand Russell, *The Conquest of Happiness*, Liveright Publishing Corporation, 2013, pp. 23-24）

ラッセル

文中に「日々の、ありふれた不幸」ということばが出てくるが、ラッセルはそれをさらっと言ってのけている。その不幸が具体的にどんな内容の不幸なのかは、以下、追い追い見ていくことになるが、かりにラッセルが現代的な不幸として名指しする「神経の疲れ」を不幸の代表として考えるとして、それに悩み苦しむ人にとって不幸はさらっと言ってのけられるほど軽いものとは限らない。本人がそれと気づかないほど軽いものもあろうが、人によっては正常な暮らしがなりたたないほど深刻な場合もあろう。が、一見深刻そうに見える不幸についても、ラッセルはそれを深刻なものとは受けとらない。それがラッセルの常識の立場だ。一見深刻そうに見える不幸についても、その不幸を脱することは可能であり、不幸を幸福に転じることは可能だと、ラッセルは考える。不幸の大半はまちがった世界観、まちがった倫理、まちがった生活習慣によってもたらされたもので、まちがった世界観や倫理や生活習慣は正すことができるのだ、と。

これを常識の立場だとラッセルはいうが、その立場は一つの世界観を後楯《うしろだて》としている。人びとの生きる現実の世界は大多数の人にとって幸福が可能であるような世界だ、という世界観を。

この世界観が正しいか正しくないかは決めがたい。客観的なものさしを当ててその正否を判定できるというものではない。人によっては、現実の世界は不幸に満ちていて、幸福はごく限られた人にしか可能ではない、と考える人もいよう。ラッセルの世界観とは真向《まっこう》から対立する世界観だが、こちらの世界観にもそれなりの真実がふくまれることは否定できそうにない。広く歴史をながめわたせば、たとえば末法思想が広く社会を覆《おお》った日本の平安後期のように、現世を不幸の世と見定めて来世の幸福を願うといった考えが人びとの心をとらえた時代も少なくないのだ。

そういうなかで、ラッセルは多くの人が幸福を手にできると考え、そうした考えが世の中の常識にかなうと考える。楽天的といっていい世界観だが、その正否はともかく、幸福について論を進めていく上で、楽天的な世界観を後楯とすることは思考をのびやかに展開するための欠くべからざる条件だった。幸福が可能な世界に生きる人びととの、なんとかして幸福を手にしたいという思いに向けて、幸福と不幸のありさまを解き明かしていく、――それがラッセルの『幸福論』の思想的な位置だった。

熱意というもの

常識の立場に立つには、なによりもまず幸福を常識に沿って受けとめねばならない。「幸福」は英語では“happiness”、形容詞“happy”の名詞形だ。そして、“happy”はごく身近には「うれしい」「楽しい」「快い」といった気持ちをあらわす語で、それが“happiness”となると、持続した状態や境遇をさす語として使われることが多い。では、常識はどんな状態や境遇をもって“happiness”(「幸福」)とするのか。

卑近な日常へと下りていくラッセルの思考を如実に示す一節を引く。

この章では、幸福な人たちにもっとも広く見られる目立ったしるしと思えるもの——つまり、熱意——について考えてみたい。

熱意の意味するところを理解する最上の方法は、おそらく、食卓に腰を下ろした人たちのさまざまなふるまいを考えてみることだ。食事はうんざりだとしか思わない人がいる。どんなにすばらしい食べ物もかれらの興味を引かない。以前にすばらしい食べ物を食べたことがあるし、ほとんど毎回の食事がそうなのかもしれない。かれらの空腹で心がかき乱されないかぎり食事のありがたみが分からず、食事とはいまある社会の流行に左右された慣習的な出来事にすぎないと考えている。〔中略〕次に、体力を維持するのに少しでも栄養を摂らなければと医者にいわれて、義務感で食べる病弱の人たちがいる。次に、期待に胸ふくらまして食べ始めたものの、理想の料理などというものはないと気がつく美食家がいる。次に、勢いこんで食べ物にかぶりつき、食べすぎ、多血症になって高いびきをかく大食漢がいる。最後に、健康な食欲に促されて食べ始め、食べ物を楽しく味わい、十分というところまで食べ、それ以上は食べない人がいる。人生の饗宴に列席した人びとも、そこに出される喜ばしいものにたいして似たような態度を取るものだ。幸福な人はわたしたちが最後に述べた食卓の人に当たる。食べ物にとっての空腹に当たるものが、人生にとっての熱意である。(ibid., pp. 144-145)

叙述の眼目は人生にとっての熱意の大切さにあるが、その比喩として述べられる食事の場面での人びとのふるまいの観察と描写が、普通の人びとの普通の生活に寄り添おうとするラッセルの姿勢をよく示している。出てくるのは食べることに興味のない人、義務感から食べる病弱の人、美食家、大食漢、そして、食事を楽しむ人。どの人を取っても、まあ身のまわりにこんな人はいるな、と思える人たちだ。最後の、食事を楽しむ人以外は不幸に類別されることになろうが、ラッセルの語り口からすると、幸と不幸のあいだには越えがたい壁があるようではなく、外的条件に一定の変化が起これば、あるいは、変化が起こらなくとも当人の心がけ次第では、不幸から幸へ、また幸から不幸への移行は十分に可能だと考えられる。人生の比喩として食事の場を問題にするとき、ラッセルは人生を食事に引き寄せるような低い視点で考えようとしていて、その語りのなかでは、人生の幸不幸と食事の快不快とのあいだにおのずとつながりが生じるのだ。

では、空腹と熱意はどうつながるのか。

満腹のとき、人は食事に興味をもたない。もつことができない。人は空腹のときにこそ食事に興味をもつ。もつことができる。それが生命体の自然なありかただ。

それに似て、人生に興味をもたせるもの——生きたいと思わせるもの——、それが熱意だ。熱意があれば人生に興味がわき、生きたいという意欲が高まるというわけだ。

外へと向かう興味

大切なのは空腹が自分の外なる食べ物に向かうように、熱意が外の世界に向かう心の動きであることだ。興味が外へ向かうことが大切だという考えは、ラッセルの『幸福論』で機会あるごとに聞こえてくる基調音のごときものだが、以下に引用する一節は自分の体験に即してその重要性を語ったものだ。

しだいにわたしは自分自身と自分の欠点にたいして無関心になることを学んだ。わたしは段々と外部の対象に――世界のありさま、さまざまな知識分野、自分が愛情を感じる個人に――注意を集中するようになった。外へと向かう興味は、たしかに、その一つ一つに苦痛の可能性が付随してはいる。世界は戦争に飛びこむかもしれないし、ある方面の知識は達成が困難かもしれないし、友人は死ぬかもしれない。しかし、こうした苦痛は、自己嫌悪から生じる苦痛とはちがって、生きかたの核心を破壊することはない。そして、外へと向かう興味のすべてがなんらかの活動を促し、その活動は興味の続くかぎり退屈《アンニュイ》の完全な予防策となってくれる。たいして、自分への興味は前へと進む活動とはまったく結びつかない。日記をつけるとか、精神分析をしてもらうとか、修道僧になるといったことには結びつくかもしれない。しかし、修道僧の身で幸福になるには、修道院の日課をこなすのに自分の魂のことなど考えなくなる日の到来を待たねばならないだろう。かれが宗教のおかげで得たと考える幸福は、道路掃除夫になって仕事をやり続けていれば獲得できたかもしれないのだ。どうにも手の施しようのないほど自分にどっぷり浸《ひた》った不幸な人びとにたいしては、外向きの訓練こそが幸福への唯一の道である。(ibid., p. 25)

外へと向かう興味と自分自身へと向かう興味をラッセルは截然《せつぜん》と区別する。そして、自分自身へと向かう興味が高まると、行く手には必ず不幸が待ちかまえていると考える。自分へのこだわりが日記をつけるとか、精神分析を受けるとか、修道僧になるといった行動に結びつくのは世間にままあることだが、それらがただちに不幸の脱出路となるわけではない。自分へのこだわりを脱しないかぎり幸福への道は開けないとラッセルは考える。

視野を広く取れば、そこに底流するのは近代批判とでもいうべきものだ。

ラッセルが不幸の源に置く自分自身への興味は、近代になって人びとの前に大きく立ちあらわれてきたものだ。自然のめぐりや人智を超えた運命が人の世を支配しているような時代には、自然に包まれ、運命の定めのもとにある個々人が、自分に目を向け、自分に興味をもちつづけるといったことは起こりにくい。自然とともに、運命のままに生きるのが無理のない生きかただからだ。

また、全知全能の神の支配下にある時代にも人は自分に興味をもちにくい。自分がどう考え、どう行動するかよりも、神に祈り、神にすがって生きることのほうが理にかなった生きかただからだ。

自然のめぐりも、運命の定めも、全知全能の神の支配も、人間にたいしてかつてほど力を及ぼしえなくなるのが近代という時代だ。外からの力が弱まれば内からの力が頭をもたげてくる。自分の考えや自分の行動が生きる上でそれなりの力をもつことが自覚される。その自覚が自分へと目を向けさせる。自分の存在を強く意識させる。近代哲学の祖とされるデカルトの「コギト・エルゴ・スム（われ思う、ゆえにわれ在り）」はまさしく自己を意識する時代の流れに乗った自己顕彰の宣言であり、自己への思いをさらに拡大し深化する宣言だった。そのような自己の顕彰、自己の意識、自己への興味はやがて自己の自由、自己の自立の思想へと結実していく。そんな自我の覚醒、自己の確立の時代――近代黎明期――を生きた人びとは、知識人も普通の人びとも、自己へのこだわりに人の不幸の源があるなどとはつゆ思わなかった。

それが、デカルトの『方法序説』のおよそ三〇〇年後に出たラッセルの『幸福論』では、自己自身への興味が幸福獲得のためにはなんとしても避けるべき心の動きとされる。人びとの生きかたが大きく変わったのだ。

二〇世紀の現実観

変化は二〇世紀に入るとしだいに目に見えてくるようになるのだが、それをあえてことばにすれば、自己への興味が外界への興味と並行して深まるといった段階から、自己への興味が外界への興味と背反するようになる段階への変化ということができる。自己への興味が自由および自立への道と考えられていた時代には、自分の信念や欲求や行動は外界のありさまや動きと強く結びついていた。自分の信念に興味をもつことは、まわりの人びとの信念に興味をもつことであり、自分の欲求を意識することは欲求がどう実現するかを意識することであり、自分の行動を考えることは外界がどう動き、どう動かされるかを考えることと重なっていた。自由で自立した自己が――あるいは、自由と自立を求める自己が――自然とかかわり、社会とかかわるのは、自己と外界とのあいだにそのような関係と相互作用が生じることであり、そのことが、かりに自己の思い通りに事態が進まない場合でも、自己に一定の充実感をもたらすものと考えられていた。それが人間の生きる現実世界のありかただと考えられていた。

二〇世紀にあってはそういう現実観はもはやそのまま通用はしない。

自己と社会とのつながりが見えにくく、自分の信念や欲求や行動が社会にどう受けとめられ、社会のどんな反応を呼び起こすかが分かりにくいというのが、二〇世紀を生きる人びとのあいだに――とりわけ先進国と呼ばれる社会に生きる人びとのあいだに――広がる現実感覚ないし社会感覚となったのだ。ラッセルが『幸福論』を常識の立場に立って書き、常識をもって生きる人に語りかけたいというとき、いまいう現実感覚ないし社会感覚はその常識に確実に組みこまれているものだった。

自己と社会のつながりの稀薄さ、なりたちにくさ、見えにくさは、二〇世紀の思想の世界において、たとえば「疎外」とか「自閉」といった慣用語を生んだ。「疎外」は自分とまわりの世界との関係が疎《うと》ましいもの、よそよそしいものであることを意味することばだし、「自閉」は自分のまわりに壁らしきものが出来て外部との交通が遮断されることを意味することばだ。なぜそういう事態が生じたかははっきりしないまま、そういう境遇に自分が置かれていること、置かれる可能性のあることが意識される。自己への興味が自由と自立への道であり、自分の社会性が拡大し深化していく道であった時代を近代と呼ぶとすれば、近代の流れのその先にあらわれた二〇世紀は、近代とは大きく異なる社会感覚ないし現実感覚を人びとに強いる時代だといわねばならない。

回復すべき心の平衡

自己への興味が外界への興味と容易につながらず、かえって外界から切り離されて孤立を深めるものだとすれば、興味の方向を転じて外界へと興味を向け、外とのつながりをみずから構築していかねばならない。外界とのつながりが稀薄になり、疎外感に見舞われ自閉状態へと追いこまれる現代人にとって、外界に興味をもつことは幸福を獲得するもっとも基本的な心がけだとラッセルは考えた。人びとが孤立を深め、内面の悩みや苦しみに揺さぶられるなかでは、近代文明推進の駆動力であった理性への信頼が失われ、一時的な情念の昂揚に救いが求められたりもする。そのような社会的風潮のなかにあって、外界へと興味を広げていくという心の動きは理性の回復へとつながるものでもあった。

合理性は主として内面の調和からなるものだから、合理性を達成した人は、内面の葛藤にたえず悩まされている人よりも、自由に世界を思索し、外的目的を達成するためにおのれのエネルギーを自由に使うことができる。自分の殻に閉じこもることほど退屈なことはなく、注意とエネルギーを外部に向けることほど気分を快活にすることはない。

わたしたちの伝統的な道徳は不当に自己中心的であって、罪の観念も自己に注意を集中する愚かな態度から派生する。〔中略〕現代人に共通の、理性を嫌う態度は、人びとが理性の働きを十分根本的にとらえないという事実によるところが大きい。内部分裂している人は興奮と気晴らしを求める。かれは強い感情を愛するが、それは健全な理由にもとづくものではない。強い感情にとらわれているあいだは自分のことを忘れ、苦しんで考えなくて済むから愛するのだ。〔中略〕だが、それは根の深い病気の徴候である。(ibid., pp. 101–102)

自己への興味、自己への執着が心の平衡を失わせ、理性的にものが考えられなくなり、苦しまぎれに強い刺激や興奮を求める。そういった心の動きを、ラッセルは現代を覆《おお》う病理現象ととらえている。回復すべきは心の平衡であり、生活の落ち着きだが、そのために興味を外へ向けることがなにより必要だとラッセルがいうとき、外への興味は、孤立した個を同じく孤立しているであろう他の個に近づけ結びつけるものでなければならなかった。

幸福の秘訣はこう定式化できる。あなたの興味をできるだけ広範囲なものとすること、そして、あなたの興味をそそるものごとや人物にたいするあなたの反応を、敵対的なものではなく、できるだけ友好的なものとすること。(ibid., p. 143)

社会に生きる人間がばらばらな個に分断され、孤立を強いられ、興味が自閉的になる病的な現代にあっては、右に定式化されたような、興味をできるだけ広範なものにすること、ものごとや人物への興味をできるだけ友好的なものにすること、といった課題は、粘り強い自覚的な努力なしには実現がむずかしいものに思われるが、課題の二つ目——興味あるものへの反応をできるだけ友好的なものにすること——に関連して、ラッセルの次のような人間のとらえかたが目を引く。

人間は協力関係に支えられて生きているし、たしかに不十分な面はあるが、協力するのに必要な親近感の生まれてくる本能的な器官を自然から提供されている。愛は協力関係へと通じる最初の、だれにも具わる情緒の形式であって、なんらかの強い愛を経験したことのある人なら、自分の最高の幸福が愛される人の幸福とは無縁だとする哲学に満足することはないだろう。(ibid., pp. 43-44)

みずから病的と名づける現代人の孤立した自閉の状態のむこうに、ラッセルは人と物、人と人とがたがいにつながる健康な状態を想定するが、ここではその状態が人間の智慧や分別を超えた、本能や自然によって支えられていると考えている。その本能や自然は人間のうちにあって人間の生命と生活を根底から支えるものであるとともに、人間を外へと向かわせ、外なる物や人と結びつける力でもある。その支えや力が衰微したところに病的な現代社会——孤立に苦しみ、自閉に悩む現代社会——が生まれてきたのだが、どうしてそうなったかについてはラッセルは語らない。現実の政治や社会や文化を論じた他の著作や、反戦平和の運動に身を投じたその政治的・社会的言動を考え合わせれば、ラッセルは大きく文明の発展がそういう事態を招いたと考えていたように思えるが、『幸福論』は、不幸な現代社会の来歴を語るのではなく、目の前にある不幸の実態を解き明かし、不幸克服の方途の模索を眼目とする書物だった。

文明の発展が人びとを不幸へと追いやる社会を生んだとして、その不幸の根が人びとの孤立と自閉と、それゆえの不安、苦悩、生きづらさにある以上、不幸を克服する道は、これまでくりかえし見たように、外への興味をもつこと、そして、それによって外界の物および人との結びつきを広げ深めること、そこに見定められねばならなかった。

大地との触れ合い

そう見定めたとして、では外への興味、外界の物と人への興味は、どのようにして培《つちか》われるのか。次に問われねばならないのは、そのことだ。最前の引用文で、ラッセルが人と人との協力関係を問題にしたとき、協力しようとする動きが本能的なものであり、自然によってあたえられるものだといい、それの原初の形式として愛をもち出してくるのは、外への興味と外との結びつきが人間にとって自然なもの、生まれつき具わっているものと考えたからだった。そうした人間のとらえかたは、人間の道徳感情の根本を共感に置いたアダム・スミスに通じるものだし、遡《さかのぼ》れば、人間をポリス的動物だと定義したアリストテレスにまで行き着くが、外なる人のみならず、外なる物ともつながろうとする人間の切実な欲求の根源にあるものをことばにしようとして、ラッセルは人間と「大地（大文字で始まる"Earth"）」との触れ合いに言及する。

どう考えようと、わたしたちは大地の子である。わたしたちの生命は大地の生命の一部であり、わたしたちは植物や動物と同じく大地から生きる糧《かて》を得ている。大地の生命のリズムはゆるやかであり、秋と冬が春と夏とともども大地には必要不可欠であり、運動だけでなく休息が必要不可欠である。子どもにとってはおとな以上に、大地の生命の干満のうねりと触れ合いを保つことが必要である。人間の体は長い年月にわたってこのリズムに適合してきたし、宗教行事の復活祭《イースター》はこのリズムを幾分か体現している。わたしは、ロンドンの外に出たことのない二歳の男の子が、初めて緑の田舎に散歩に連れ出されるのを見たことがある。季節は冬で、あたり一面が湿っぽく、ぬかるんでいた。おとなの目には喜ばしいものなどなにもなかったが、男の子は無我夢中だった。濡《ぬ》れた地面に膝《ひざ》を突き、草のなかに顔を埋《うず》め、ことばにならない歓喜の叫びを挙げていた。その子の経験していた喜びは素朴で、単純で、巨大だった。(ibid., pp. 64-65)

大地との触れ合いといった、原初の、野性的で純朴な事柄をことばにしようとしたとき、ラッセルがかつて見た二歳の男の子のことを思い出しているのは、いかにももっともな連想だと思える。自然との触れ合いに心を動かされるには、触れ合うこちらが自然に近い存在でなければならないが、二歳の幼児はおとなに比べれば圧倒的に自然に近い存在だ。その幼児が緑の田舎のぬかるんだ散歩道で、地面に膝を突き、草に顔を埋めて歓喜の声を挙げる。そこに見てとれるのは、自然に近い幼児と粗野な風土の自然とのあいだの、瑞々《みずみず》しい生命力の交流であり、そして、そこにある喜びは、大地とともに、自然とともにある人間の、もっとも根源的で、素朴な幸福の形だ。

が、そういう大地との根源的な触れ合いや、そこに見てとれる生命の交流や、素朴な瑞々しい喜びと幸福は、文明化された日々の暮らしのなかでは簡単に近づけるものではない。思えば、文明の進歩・発展は、人間の全身にみなぎる生命と大地の生命とが触れ合い、交流し、そこに喜びがはじけるといった素朴な境地に背を向けるようにして人工的な世界を作り出し、押しひろげ、精密化していくものだった。

ラッセルの『幸福論』はそういう流れを押しとどめようとして書かれたものではない。社会的にも個人的にも流れは押しとどめがたいとしても、大地との触れ合いという人間と自然との根源的なかかわりは人間のうちに生きているのであって、そこを出発点として人間にとっての本当の喜び、本当の幸福を考えることは可能だというのが『幸福論』におけるラッセルの立場だった。二歳の男の子が内から突きあげる衝動のままに自然との一体化を喜ぶさまは、ラッセルにとって人間が根源的に幸福に向かって開かれた存在であることを感じさせるものだった。

すべての不幸の原因はある種の分裂か、統一の欠如かにある。自己の内部では、意識された心と無意識の心が調和しないために分裂が生じるし、自己と社会のあいだでは、この二つが客観的な興味と愛情の力によって結びつけられないために統一の欠如が生じる。幸福な人とは自己との統合にも社会との統合にも失敗しない人のことで、当人の人格が自己分裂を起こしてもいないし、世界と抗争してもいない。そういう人は自分のことを宇宙の市民だと感じ、宇宙の示す光景と宇宙の提供している喜びを自由に享受しているし、自分が後続の世代から現実に切り離されていると感じないから、死の思いに煩《わずら》わされることもない。生命の流れとそのように深く本能的に結びつくところにこそ最高の喜びが見出される。(ibid., pp. 222-223)

目を引くのは、現代の不幸の根本原因が自己と自己との分裂、自己と社会との分裂という二つの分裂に求められていることだ。

退屈のなかに身を置く

制度も、技術も、道具も、物も、情報も、人間の手になる人為的・人工的なものでありながら、人為的・人工的な世界の真っ只中に生きる人間が自分と分裂し、社会と分裂して生きることを強いられる。そこに現代人の不幸の根本があるとラッセルはいう。思い返せば、個人が自己への興味の虜《とりこ》になり、孤立した自閉の世界を生きるという病理現象も、同じ事態を別のことばで表現するものにほかならなかった。孤立と自閉へと人びとを追いこむ文明の進歩は、見かたを変えれば、人びとに退屈な状態を強いるものであった。

現代の都市住民は特殊な退屈に苦しめられているが、その退屈は大地の生命から切り離されていることと緊密に結びついている。切り離された生活は、砂漠を行く巡礼の旅のように、暑く、埃《ほこり》っぽく、のどの渇くものとなっている。自分の人生航路を選択できるほど金持ちの人びとのあいだでは、かれらの苦しむ独特の耐えがたい退屈が、逆説的に聞こえるかもしれないが、退屈を恐れるところからやってくる。実り豊かな退屈から逃れようとして、かれらはずっと悪質な退屈の餌食《えじき》になっているのだ。幸福な生活はおおかたは静かな生活でなければならない。静けさの雰囲気のなかでしか本当の喜びが息づくことはないのだから。(ibid, p. 66)

退屈を逃れるために文明的な忙しさや賑やかさを求めるのではなく、退屈のなかに静かに身を置いて外界や他人との関係を充実させていくこと――それがラッセルの幸福論の基本だった。

終章　幸福論の現在

室生犀星の郷愁

ヨーロッパの思想史に沿って幸福のありかを明らかにしようと筆を進めつつ、わたしはずっと幸福論のなりたちにくさを感じてきた。「幸福」とか「しあわせ」といったことばは多くの人が口にするし、事柄としてけっして迂遠なこと、むずかしいことと思われてはいないのに、いざ幸福論を論としてなりたたせようとすると、容易にまとまりのつかぬ不確かな世界が立ちあらわれる。そんな思いを拭《ぬぐ》えなかった。

割り切れぬ思いで幸福ということばに近づいたり遠ざかったりしていると、若き室生犀星の詩の一節がふと脳裡に浮かんできた。

ふるさとは遠きにありて思ふもの
そして悲しくうたふもの
よしや
うらぶれて異土の乞食《かたゐ》となるとても

帰るところにあるまじや
ひとり都のゆふぐれに
ふるさとおもひ涙ぐむ
……

（室生犀星『抒情小曲集』）

詩人はふるさとに強く心を引かれている。しかし、そこに帰りたいとは素直に詠《うた》えない。にがい気持ちをこめて「帰るところにあるまじや」と詠わざるをえない。が、そのすぐあとに「ふるさとおもひ涙ぐむ」ということばが置かれる。

いま引用した詩句の十数行あとには、ふるさとの思い出を綴《つづ》った以下のような詩句があらわれる。

なににこがれて書くうたぞ
一時にひらくうめすもも
すももの蒼さ身にあびて
田舎暮しのやすらかさ
けふも母ぢゃに叱られて

すものしたに身をよせぬ

ふるさとの思い出に牽引される心と、にもかかわらずどこかでそれに反発したい心とが微妙に交錯するさまが、読む者の心に響く。ふるさとの遠さ近さや、ふるさとへの愛と憎の深さは人さまざまだろうが、たとえば、母に叱られてさびしくすもの下に身を置く孤独感が、遠くふるさとを思う寂寥感に相通じるといった心理の機微は、ふるさとを思う多くの人の共有しうるところだろうと思う。

まとまりのつかぬまま幸福なる観念を追跡するわたしの脳裡に、ふるさとを思う犀星の詩句が浮かんだのは、身近に感じられながらことばにうまくおさまらぬという、ふるさとと幸福に共通する特性と、もう一つ、ふるさとと幸福のイメージのどちらにも心安らぐ温《ぬく》もりが具わっていることによると思う。

たしかに、幸福の観念やイメージには身近さと温もりがまといついている。そしてそのことは幸福論の論としてのなりたちにくさと無関係ではない。そして、そこに時代の影までが読みとれるのが、幸福論の現在のすがただといえるように思う。

「人生相談」が映し出す現在

新聞や雑誌に「人生相談」という名のコラムが設けられ、読者からの悩みを受けて著名人や識者の回答が掲載されるようになったのはいつの頃からのことか。寄せられる悩みは匿名の一読者の、家族、友人関係、仕事、病気、金銭、進路選択などにかんする個人的な悩みがほとんどで、それにたいする答えは、やや視野を広く取って悩みの解決に向かう具体的な道筋を示しつつ、同時に、悩みを同じくする不特定多数の読者にたいしてそれなりに役に立つものの見かたを示そうとするものが一般的だ。

回答のなかには悩みに真正面から答えようとする大まじめなものもなくはないが、多くは悩みを斜めの位置からながめ、もう少し気楽に構えたらどうですか、と、悩む当人の気持をもみほぐそうとする書きかたになっている。悩みのよって来《きた》る状況は理解でき、悩みのつらさにも共感できなくはないが、同じ悩みをかかえているわけではない回答者としては、当然の位置の取りかただ。悩みを寄せる人のなかにはもっと身にせまる回答を求める人もあるようで、悩める心情の記述に誇張の混じる文面もよく目にするが、コラムの編集者はそれはそれでよしとしているように見える。

そうした「人生相談」に幸福論の現在が映し出されているようにわたしには思える。「人生相談」という命名はいささか大袈裟《おおげさ》だが、個人的な悩みに暮らしの幅のなかでそれなりの解決を見出そうとする試みは大袈裟なものではない。不幸を脱して幸福に近づこうとする試みとして、普通の生活者の身の丈《たけ》に合っているように思える。話題となる悩みは個人的な悩みとして表明されるが、まわりを見わたせば身に覚えのある人の少なくない一般的な悩みであり、しかも、それを脱する方途も暮らしのうちに見つけ出せると考えられている。その意味で、「人生相談」は幸福が身近なものだという感覚をよく体現しているといえる。悩みを相談する側は、場合によっては、自分が不幸のどん底にあるように思い、当面する悩みの種（たとえば、家庭内の不和）をどうにかできなければ生きていけない、生きる意味がない、とまで思いつめているかもしれない。が、そんな人でも、多くの人の目にする紙面ないし誌面に問題が取り上げられ、それなりの対処法が提示されるのを目にすると、そのことだけで心に多少の安らぎを得るのではなかろうか。悩みが他人の目に触れ、他人の論評の対象になることで、自分の悩みにたいし多少とも距離を取れるだろうから。それは「人生相談」の効用といってよく、マスコミの片隅でこの種のコラムが長く続く理由の一つにそんな効用を数えることもできるかもしれない。

「人生相談」という名のコラムで人びとの幸不幸が身近な話題として取り上げられ、身近な暮らしの領域で不幸を脱し幸へと向かう道が模索されるのは、幸福の大もとが静かな、穏やかな暮らしにある、というわたしたちの原理に合致するものということができる。救いがたいような苦境に追いこまれ、どうやっても事態が好転しそうもない場面でも、自分のなんとか手のとどく範囲で試行を重ね、気息を整え、苦境からの脱出を図るのが幸福論の原理にかなうふるまいなのだ。第一章で取り上げた古代ギリシャ・ローマの哲学者たちも、第二章で扱った近代イギリスの経験論者たちも、幸福を主題に掲げた論述においては、幸福の原理をそういうところに見定めて論究を進めていたのだったが、それらにもまして、二〇世紀において幸福を主題としたメーテルリンクとアランとラッセルは、幸福が身近なところにあり、身近な世界で実現可能であり、そのための努力が人間的な価値をもち、人間世界をゆたかにすることを粘り強く主張したのだった。

メーテルリンクの青い鳥が、夢の旅から帰ってきたチルチルとミチルの部屋の鳥籠のなかにいたように、また、夜ふけて議論を続ける猟人たちにとって犬のあくびがかれらを安眠へと誘う幸福の合図となるように、幸福はなにげない日常の出来事に導かれて自分の体と心を立て直すといった、そんな動きの積み重ねのなかに育《はぐく》まれる。

だとすると、幸福は華々しいものでも晴れがましいものでもなく、また、必死になって求めるものでもないといわねばならない。古代ローマのストア派やエピクロス派が健康な体と平静な心に幸福の基本を置いたのも、賑やかさや華やかさから離れたところに幸福の境地を求めようとするものだったし、さかのぼって、古代ギリシャのアリストテレスの「中庸」も、都市国家の動揺と破綻が人びとの行動と生活を揺るがす状況下で、どうにかして体と心の平衡を保とうとする思いのこめられた概念だった。

思考と論理の先にあるもの

が、日常のさりげない体や心の動きに注目し、それらが安定と平衡を保ってゆったりと前進することに人間的な意味と価値を見出し、その場にとどまって安定を維持すべく配慮をめぐらすというのは、人間の思考と論理の得意とするところではない。思考と論理はさりげない日々の進行や身近な世界の安定に満足するのではなく、そこに矛盾を感じ、問題を見出し、矛盾と格闘し、問題を克服していこうとする。向上心とか探求心と呼ばれるそうした思考と論理の動きは、勢いの赴くところ心身の平静と安定に背を向けるものになりかねない。幸福の境地に亀裂をもたらしかねない。哲学的思考と幸福論との相性の悪さもそこに根本原因があると考えられるが、それを承知の上であえて幸福論に乗り出そうとする哲学は、思考の徹底性や論理の整合性の追求と並んで、いや、それ以上に、人びとが日々の暮らしで手にする地味な、身近な幸福を価値あるものと見なし、大切にしなければならない。

思考と論理をひたむきに前へと進めることと、人びとが身近に感じる日々の幸福を尊重することとは矛盾なく両立するものではないから、論者はその都度おのれの立つ位置の点検をせまられる。アランがあくびや眠りや微笑に生きる力の自然な発露を見、ラッセルが常識を価値あるものと認め、大地のゆたかさを強調するのも幸福論ならではのことで、そこには思考と論理の独り歩きに歯どめをかけようとする配慮が働いている。

論理的整合性を追求しつつどこまでも視界を切り拓いていこうとする思考は、おのれの切り拓く世界が体系的であり統一的であることを、いうならば本能的に求める。が、体系性・統一性を求める思考の動きは、幸福を主題とする論を前に足踏みせざるをえない。個々人のそのときそのときの体と心のありかたと密接に関係し、限られた範囲内での生活条件や人間関係を土台としてなりたつ、身近でひかえ目な幸福は、観念上の体系性・統一性とは折り合いのつかぬことが多い。人びとの感じる幸や不幸は個別具体の幸または不幸として日常の場に存在するのであって、観念的思考をもってしてはその幸を増大させることも不幸を軽減することもままならない。「人生相談」のコラムで、悩みへの回答がどれもこれも中途半端な形に終わらざるをえないところにも個別具体の幸不幸と思考との折り合いの悪さがあらわれている。身近でひかえ目な個人の幸不幸は、非体系的であり非統一的であるというしかない。アランの『幸福論』を論じた際に、アランが毎日欠かさずなんらかのテーマについて書いた「プロポ」のなかから、幸福に関連するものを集めてなったのが当の『幸福論』であることに注意を求めたが、幸福論の非体系性・非統一性を考えると、そうした書物の作りは理にかなったものといえるように思う。

が、話はそこで終わらない。

わたしたちはいま二一世紀の世界を生きているのだが、ややさかのぼって二〇世紀の初めから現在に及ぶ百十数年は、人びとの地味で、ひかえ目で、身近な幸福にたいし個人を超えた社会がそれ以前とは類を異にする、独特の力を行使する時代だといわねばならないのだ。

近代世界と個人

近代世界を生みだした大きな要因として、市民革命と産業革命と国民国家の形成という三つの出来事を考える。三つの出来事に即して近代の名で呼ばれる世界を大づかみにすれば、各人が自由で平等な個人として存在と価値を認められ、自発的な意志にもとづいてたがいに交流し、個人的ないし集団的な労働の集約によって生み出された生産物を交換することによって社会を形成し、そこに生じるさまざまな対立・葛藤・不和・矛盾を、国家法および国家権力を頂点とする共同の法および権力をもって調整していく、というのが基本的骨組だった。

おそらくは人類史の始まりから存在したであろう個人と共同体との矛盾は、近代世界の構図のもとでも解消されはしなかった。個の存在が主体的に明確に自覚され客観的にも承認される近代社会では、個人と共同体との矛盾はかえって強く意識される。わたしたちが第二章で取り上げた近代イギリスの経験論者たちは、産業革命興隆期の、個人の労働が社会の富を増大させ、社会の富の増大が個人の生活の向上につながる、という経済的好循環を目《ま》の当たりにして、個人と共同体の調和と統一のすがたをそこに見ようとしたが、調和と統一は社会の表層を覆《おお》うものでしかなかった。個人の核と共同体の核とが結び合わされて出来上がった調和と統一ではなかった。

だが、ひとたび自立した個はもはや自己を失って共同体に埋没することはない。そして、自立した自由な個を基本原理とする近代世界は、個と共同体との矛盾をかかえたまま、両者のかかわりがどこまでも広くなり深くなる方向へと向かう。いまもその勢いは続いていて、「グローバリゼーション」という現代語は勢いの持続を端的に示すことばだ。個人としてのわたしたちの生活は、文明から取り残された僻遠の地を想定するのでないかぎり、政治的・経済的・文化的に世界大のさまざまな動きと陰に陽につながっている。

幸福論の観点に立つとき、そのつながりはどう見えてくるのか。

身近な、地味な、穏やかな幸福は、もともと、それだけに定めた強力な意志によって追い求められるものではないし、他を顧《かえり》みぬ専一の努力の末に手に入るものでもない。身のまわりの条件に合わせていくつかの要素を生かし、いくつかの要素を取りのぞくといったこまかい配慮をめぐらすなかでおのずと得られることが多い。日常の食料や衣料にまで輸入品が入りこみ、テレビのスイッチを入れれば瞬時に海外のニュースが飛びこんでくるという現代生活にあっては、身近な穏やかな幸福とはいっても、それが遠隔の地や海のむこうの政治や文化と結びついていることは否定のしようがないけれども、当の生活者にとっては、そのはるかなつながりが自分の幸不幸にかかわるものとして意識されることはまずない。身近で穏やかな幸福ははるかなつながりを意識しないことによって、かえって身近で穏やかなものたりえているともいえるのだ。

質的変化をもたらすもの

にもかかわらず近代世界にあっては、政治・経済・文化の支配力が人びとの日々の暮らしに容赦なく及んでくる。そして、及ぶ力が大きくなれば、身近で穏やかな幸福にも質の変化が生じざるをえない。変化のありようにはおおよそ二筋の道が考えられる。

一つは、外からやってくる政治・経済・文化の力が身近な幸不幸の内容を大きく変えるという道筋だ。戦争がもっとも見やすい例だ。二〇世紀の二つの世界大戦その他の戦争や紛争が如実に示しているのは、宣戦布告とともに国が戦時体制に入ったとなると、人びとの暮らしが一変せざるをえないことだ。総力戦ということばが象徴的だ。総力戦は人びとの生活をまるごと戦争に向かって集約しようとする。殺し殺される行為を強制し、殺し殺される覚悟を否応なく求める戦争の性格からして、その変化は不幸のほうへと大きく傾くが、とともに、問題となる幸も不幸も身近さや穏やかさから大きく逸脱する。幸福の土台をなす身近で穏やかな日々の暮らしが外部からの力によって吹き飛ばされ、幸福論そのものが場を失う。死傷や破壊や暴力や誇大宣伝や謀略の嵐の吹きすさぶ戦時体制にあって、なお身近で穏やかな幸福を守ろうとする人は少なくないが、どう守りを固めても吹きすさぶ嵐と接触することは避けられない。そして、嵐に耐えることが並ならぬ生命力を必要とする以上、そのなかで身近で穏やかな心境を保つことは至難の業といわねばならない。

戦争とは逆に、一見幸福に資するかに見える経済的好況のような力が外部からやってくる場合でも、身近で穏やかな幸福を保つのはけっして易しくはない。個々人の幸不幸とはかかわりなく人びとを好況の波に乗せようとする力が陰に陽に働いて、その力を自然体で受けとめつつ地味でつましい日常生活を無理なく持続していくには、一定の経験知と冷静な判断力が必要とされるからだ。

外部から侵入してくる力は、そのように政治的・経済的・文化的な内実をもって外から押しよせ、わたしたちの暮らしを揺さぶるだけではない。人びとの心に内面化される生きかたの流儀として、わたしたちの暮らしを方向づけようともする。さきに、身近で穏やかな幸福に質的変化をもたらす二筋の道といった、その二つ目に当たるものがそれだ。

近代は進歩をよしとする時代だ。拡大再生産を基本とする資本主義体制が進歩思想のもっとも有力な社会的根拠をなすと思われるが、進歩をよしとし進歩のうちに生の充実を求める感性は、経済の領域をはるかに超えて社会の全体に浸透している。効率を重視する心性、速度の向上を喜ぶ心性、便利であることを人間的にゆたかであることと思う心性、みずから競争の場を設定しその場で少しでも人に先んじようとする心性、競争に勝つためなら過剰の緊張と労苦にも耐えていこうとする心性、——わたしたちの日常に広がるそうした心性は、進歩をよしとする近代の社会意識から派生したものだ。

そうした心性は、しかし、人びとを幸福へと導くものではない。それどころか、そうした心性が他をさしおいて一方的に昂揚し、個人の世界を、あるいは集団の場を広く支配するようになると、幸福とは背反する方向へと人びとを導きかねない。なぜか。

幸福が穏やかさ、安らかさ、ゆるやかさを基調とすることはわたしたちがくりかえし確認してきたところだ。進歩主義につきまとう効率・迅速を尊ぶ心性や、効率と迅速を求めるがゆえの、競争、緊張、労苦、忍耐は、幸福の基調たる平穏さとうまく折り合うものではなく、むしろ平穏さを乱し、安らかさを壊す可能性の大きい心の動きだからだ。実際、個人が、あるいは集団が、効率のよさをめざし、競争に勝つべく必死に努力と忍耐を重ねているとき、当の個人ないし集団が穏やかでゆるやかな幸福の境地にあるとは思えないし、努力と忍耐のそのむこうに幸福が遠望されているとしても、努力と忍耐が度を越せば、望まれる幸福もゆるやかな平穏さにそぐわぬ熱を帯びてしまう。熱を帯びた幸福や幸福への願いは、幸福の本性にそぐわない。

近代世界の発展のなかで、日々の暮らしとともにある地味でひかえ目な幸福が外からの政治的・経済的・文化的な力によって揺さぶられ、それと並行して、進歩につきものの努力と緊張と忍耐にこそ生の充実を感じる心性が、幸福の基調をなす、ゆったりとした穏やかな心境を掘りくずそうとする、――それがわたしたちの幸福論を取り巻く現況だといえようか。

幸福を揺るがす力は、外からの物理的な力としても、内面に位置を占める精神の力としても、けっして小さいものではない。小さくない力がたえず押しよせる状況のなかで穏やかな幸福を保つには、外からの物理的な力にたいしても内面の精神的な力にたいしても、それとは別種を力をもって抵抗せざるをえない。抵抗なくして幸福の成立も持続も望めない。

だが、抵抗の姿勢はなにほどかの努力や緊張や忍耐を内包せざるをえない。そして、抵抗の内包する努力や緊張や忍耐は、度が過ぎれば幸福とは相容れない境地へと人びとを拉し去る。抵抗の激しさが幸福の土壌たる穏やかで安らかな境地を壊してしまう。幸福を手放すまいとする抵抗には、幸福の基調たる日常的な落ち着きやゆとりが備わっていなければならない。抵抗そのものが穏やかでなければならない。

そう考えると、幸福論には一定の守備範囲のごときものが設定されよう。再び戦争を例に取ろう。戦争の危機がせまれば、抵抗における緊張や忍耐はときに幸福の境地を吹き飛ばすほどに高まろう。が、それでもなお抵抗の姿勢は崩せない。抵抗が必要だと強く感じられる。そのとき、わたしたちは幸福論の守備範囲を超えて抵抗の意味を考えざるをえない。守備範囲を守るべきか否か、守るとしたらどう守るべきかが大きな問題となる。

敵にも味方にもまちがいなく死をもたらし惨禍をもたらす戦争が、幸福につながるとは考えられない。のみならず、さまざまな権力や利害がからみ合う戦争は、限られた場と人間関係のなかで日々を生きるわたしたちにとって、不明・不確定な要素が多すぎ、声高に叫ばれる戦争の大義も敵への非難も到底そのままには受け容れられない。中立の立場からなされる解説や論評の類《たぐい》も、なにやら胡散《うさん》くさい。厄介きわまる現実だが、それが穏やかな幸福の日常を脅かすほどに近づいたとなれば、外圧をどう押し返すか考えざるをえない。

が、抵抗のためとはいえ、戦争について思いをめぐらすことは幸福論の枠内におさまる営みではない。犬のあくびを見てそろそろ寝る時刻かなとベッドに向かったり、田舎の草地を転げまわる子どものすがたに人間の生命と大地とのつながりを実感したりすることは、戦争へと向かう国内政治や国際関係を分析したり、最新兵器の殺傷能力を検討したり、戦争のもたらす利得や犠牲を計算したりすることとは類を異にする精神の営みだ。が、幸福論の枠を超える問題がわたしたちの穏やかで身近な日常に入りこんでくるのは避けられない。改めていえば、それが二〇世紀、二一世紀の世界のありさまというものだ。

幸福論にとって大切なのは、身近な日常を超えた問題を考えることが幸福論とは類を異にするという認識を堅持することだ。幸福論の守備範囲というのはそこのところをいう。外からどんなに深刻な問題がやってこようと、幸福の大切さ、幸福論の大切さは守られねばならない。外から大きな問題がやってきて身近で穏やかな幸福を圧しつぶそうとするときにこそ、かえって幸福論の真価が問われるといってよい。外からくる問題の大きさが幸福論を激しいものにすることへの警戒心、それがなにより求められる。

大きな問題を論じるときと身近な幸福を論じるときとでは、論のリズムとテンポと声量が異なってくるのは、どちらの論にとってもむしろ歓迎すべきことだ。政治・経済・文化の領域では、問題が大きくなればなるほど視野を広く取る必要が感じられはする。とはいえ、広い視野が問題解決に資するとは限らず、それとは別に、日々のしあわせといった小さな視点の設定が必要だと感じられることが少なくない。その一方、幸福論についても、外からやってくる幸福の約束や保証の頼りのなさを見るにつけ、身近な世界で自分たちの力でどうにか作り出せる実質的な幸福の実相を冷静に見つめ、それを穏やかに追求する必要がかえって強く実感される。進歩をよしとする近代の政治・経済・文化の地球大の動向が、必ずしも人びとの身近な暮らしを、安定したゆたかなものにするとは限らないこと、――それこそが二〇世紀、二一世紀の大小さまざまな経験からわたしたちが学んだことだ。近代を大きく特徴づける科学技術の発達や、国家の支配権の巨大化する政治状況や、貧富の格差を解消しえぬ資本主義経済体制が、多くの惨苦や困窮を生み出す社会の現実を前にするとき、大状況の動向と日々の暮らしの幸福とのあいだに理にかなった安定したつながりを見出すのは容易なことではない。

だとすれば、大状況から説き起こして日々のしあわせな暮らしに説き及ぶ論には、つねに疑問符を胸に立ち向かうしかない。大状況と無縁には生きられないのがわたしたちの生きる現実だが、と同時に、大状況が容易に個人の幸福とつながらないのもわたしたちの現実だ。身のまわりの幸福は、自分の身を置く足場から考え、作り上げていくしかない。いま幸福は、大状況の色に染まらない、自分独自の幸福としてしかない。その意味で幸福論の守備範囲を設定することは世界を見る目を磨くことに通じ、思考の形として価値のあることだといえよう。幸福論は、対象となる幸福に似て、晴れがましさや華やかさとは縁遠い、地味で、ゆったりとした穏やかなものでなければならない。

あとがき

幸福が論じるにむずかしい主題であるとはつねづね感じていたことだ。

幸福は本人の気のもちようと切っても切れない関係にあるし、年齢、性格、職業、地位、懐具合といった個人にまつわる事情に大きく左右されもするから、一般的な論としてはなかなかなりたってくれない。それかあらぬか、わたしが長く取り組んできた西洋哲学においても、幸福論は脇に押しやられる気配が濃厚だった。たとえば西洋近代哲学を代表する体系家ヘーゲルを取ってみても、初期の『精神現象学』において犀利卓抜な「不幸の意識」論を展開してはいるものの、自然界と精神界を大きく視野におさめた円熟期の哲学体系のなかでは幸福が本格的に論じられることはなかった。

中央公論新社編集部の太田和徳さんから、幸福について書いてみませんかと話をもちかけられたとき、すぐに頭に浮かんだのは幸福の書きにくさだった。「塾の子や近所の人たちと日々つき合っている長谷川さんの視点を生かした幸福論を読みたい」と太田さんはことばを継いだ。

『日本精神史』(上・下巻、講談社刊)で日本の美術・思想・文学と長くつき合った挙句のこととて、日常の場から改めて西洋哲学を見返すという試みには心引かれるものがあった。幸福を論じるという形で、幸福の論じにくさをことばにし、合わせて、幸福論と西洋哲学の相性の悪さを明らかにしたいと思った。そのことが西洋哲学を裏側から見ることに通じるかもしれないとも思った。

書くことに決めて幸福に関連のありそうな書物を次々と読んでいったのだが、しばらくして、自分がこれまでの西洋哲学書の読みかたとはちょっとちがう読みかたをしていることに気がついた。文と文、文節と文節、章と章のつながりに目を据えてひたすら論理を追いかけるというこれまでの読みかたからやや離れて、筆を進める書き手の心情を思いやり、書き手と実感を共有しつつ読みすすもうとしていることに気づいたのだ。幸福を身近な感覚としてもちつづけたいという思いが、そういう読みかたを求めるもののごとくだった。

わたしが書物から読みとる論理と実感は、円滑につながり程よく調和するとはかぎらず、読み手としてはときに論理に従い、ときに実感に即《つ》くといった分裂や動揺に直面することも少なくなかったが、論理と実感の齟齬《そご》・疎隔《そかく》はペンを執って原稿用紙を埋めていく段階になっても消えることがなかった。消えることのないものを消えたと思うことは許されず、論理と実感の矛盾にめざめていることはわたしにとってゆるがせにできぬ原則となった。やや大げさにいえば、意識をもって現実世界を生きる人間にとって、個として生きることと社会的存在として生きることとの矛盾こそが太古から現代に至るもっとも基本的な矛盾と考えられるが、幸福という領域はその矛盾を鮮やかに映し出す場面といってよく、幸福論における論理と実感の齟齬・疎隔は個と社会的存在との矛盾をさながらに反映するものといえるようだった。

本がなるに当たっては編集の太田さんの力に負うところが大きかった。面と向かって話すときでも電話でのやりとりでも、幸福についての会話はうまく嚙み合わないことが多く、途切れがちだったが、どんな場面でも粘り強く思考の筋道をたどる太田さんの姿勢は揺らぐことがなかった。ありがたかった。もろもろの助力にたいし心から謝意を表したい。

二〇一八年二月二二日

長谷川 宏

長谷川 宏（はせがわ・ひろし）

1940年島根県生まれ．68年東京大学文学部哲学科博士課程単位取得退学．哲学者．自宅で学習塾を開くかたわら，原書でヘーゲルを読む会を主宰．一連のヘーゲルの翻訳に対し，ドイツ政府よりレッシング翻訳賞を受賞．
著書『日本精神史』（講談社，2015）
『新しいヘーゲル』（講談社現代新書，1997）
『高校生のための哲学入門』（ちくま新書，2007）
『生活を哲学する』（岩波書店，2008）
ほか
訳書『精神現象学』（ヘーゲル著，作品社，1998）
『歴史哲学講義』（ヘーゲル著，岩波文庫，1994）
『芸術の体系』（アラン著，光文社古典新訳文庫，2008）
『美術の物語』（ゴンブリッジ著，共訳，ファイドン，2007）
ほか

幸福《こうふく》とは何《なに》か
中公新書 *2495*

2018年6月25日発行

著者 長谷川 宏
発行者 大橋善光

本文印刷 三晃印刷
カバー印刷 大熊整美堂
製本 小泉製本

発行所 中央公論新社
〒100-8152
東京都千代田区大手町 1-7-1
電話 販売 03-5299-1730
編集 03-5299-1830
URL http://www.chuko.co.jp/

Published by CHUOKORON-SHINSHA, INC.
Printed in Japan ISBN978-4-12-102495-4 C1210

中公新書刊行のことば

いまからちょうど五世紀まえ、グーテンベルクが近代印刷術を発明したとき、書物の大量生産は潜在的可能性を獲得し、いまからちょうど一世紀まえ、世界のおもな文明国で義務教育制度が採用されたとき、書物の大量需要の潜在性が形成された。この二つの潜在性がはげしく現実化したのが現代である。

いまや、書物によって視野を拡大し、変りゆく世界に豊かに対応しようとする強い要求を私たちは抑えることができない。この要求にこたえる義務を、今日の書物は背負っている。だが、その義務は、たんに専門的知識の通俗化をはかることによって果たされるものでもなく、通俗的好奇心にうったえて、いたずらに発行部数の巨大さを誇ることによって果たされるものでもない。現代を真摯に生きようとする読者に、真に知るに価いする知識だけを選びだして提供すること、これが中公新書の最大の目標である。

私たちは、知識として錯覚しているものによってしばしば動かされ、裏切られる。私たちは、作為によってあたえられた知識のうえに生きることがあまりに多く、ゆるぎない事実を通して思索することがあまりにすくない。中公新書が、その一貫した特色として自らに課すものは、この事実のみの持つ無条件の説得力を発揮させることである。現代にあらたな意味を投げかけるべく待機している過去の歴史的事実もまた、中公新書によって数多く発掘されるであろう。

中公新書は、現代を自らの眼で見つめようとする、逞しい知的な読者の活力となることを欲している。

一九六二年一一月

哲学・思想

1 日本の名著（改版） 桑原武夫編
2187 物語 哲学の歴史 伊藤邦武
2378 保守主義とは何か 宇野重規
2288 フランクフルト学派 細見和之
2300 フランス現代思想史 岡本裕一朗
2036 日本哲学小史 熊野純彦編著
832 外国人による日本論の名著 佐伯彰一・芳賀徹編
1696 日本文化論の系譜 大久保喬樹
2243 武士道の名著 山本博文
312 徳川思想小史 源了圓
2097 江戸の思想史 田尻祐一郎
2276 本居宣長 田中康二
2458 折口信夫 植村和秀
1989 諸子百家 湯浅邦弘
2153 論語 湯浅邦弘

36 荘子 福永光司
1695 韓非子 冨谷至
1120 中国思想を考える 金谷治
2042 菜根譚 湯浅邦弘
2220 言語学の教室 西村義樹・野矢茂樹
1862 入門！論理学 野矢茂樹
448 詭弁論理学（改版） 野崎昭弘
593 逆説論理学 野崎昭弘
2087 フランス的思考 石井洋二郎
1939 ニーチェ ツァラトゥストラの謎 村井則夫
2257 ハンナ・アーレント 矢野久美子
2339 ロラン・バルト 石川美子
674 時間と自己 木村敏
1829 空間の謎・時間の謎 内井惣七
814 科学的方法とは何か 浅田彰・黒田末寿・佐和隆光・長野敬・山口昌哉
1333 生命知としての場の論理 清水博
2176 動物に魂はあるのか 金森修

2203 集合知とは何か 西垣通
2495 幸福とは何か 長谷川宏

宗教・倫理

中公新書

世界史

2050 新・現代歴史学の名著 樺山紘一編著
2223 世界史の叡智 本村凌二
2267 世界史の叡智 悪役・名脇役篇 本村凌二
2253 禁欲のヨーロッパ 佐藤彰一
2409 贖罪のヨーロッパ 佐藤彰一
2467 剣と清貧のヨーロッパ 佐藤彰一
1045 物語 イタリアの歴史 藤沢道郎
1771 物語 イタリアの歴史 II 藤沢道郎
1100 皇帝たちの都ローマ 青柳正規
2413 ガリバルディ 藤澤房俊
2152 物語 近現代ギリシャの歴史 村田奈々子
2440 バルカン―「ヨーロッパの火薬庫」の歴史 M・マゾワー 井上廣美訳
1635 物語 スペインの歴史 岩根圀和
1750 物語 スペインの歴史 人物篇 岩根圀和
1564 物語 カタルーニャの歴史 田澤耕

1963 物語 フランス革命 安達正勝
2286 マリー・アントワネット 安達正勝
2466 ナポレオン時代 A・ホーン 大久保庸子訳
2027 物語 ストラスブールの歴史 内田日出海
2318 2319 物語 イギリスの歴史(上下) 君塚直隆
2167 イギリス帝国の歴史 秋田茂
1916 ヴィクトリア女王 君塚直隆
1215 物語 アイルランドの歴史 波多野裕造
1546 物語 スイスの歴史 森田安一
1420 物語 ドイツの歴史 阿部謹也
2304 ビスマルク 飯田洋介
2490 ヴィルヘルム2世 竹中亨
2434 物語 オランダの歴史 桜田美津夫
2279 物語 ベルギーの歴史 松尾秀哉
1838 物語 チェコの歴史 薩摩秀登
2445 物語 ポーランドの歴史 渡辺克義
1131 物語 北欧の歴史 武田龍夫

2456 物語 フィンランドの歴史 石野裕子
1758 物語 バルト三国の歴史 志摩園子
1655 物語 ウクライナの歴史 黒川祐次
1042 物語 アメリカの歴史 猿谷要
2209 アメリカ黒人の歴史 上杉忍
1437 物語 ラテン・アメリカの歴史 増田義郎
1935 物語 メキシコの歴史 大垣貴志郎
1547 物語 オーストラリアの歴史 竹田いさみ
1644 ハワイの歴史と文化 矢口祐人
2442 海賊の世界史 桃井治郎
518 刑吏の社会史 阿部謹也
2451 トラクターの世界史 藤原辰史
2368 第一次世界大戦史 飯倉章

言語・文学・エッセイ

中公新書

言語・文学・エッセイ

j2

220	詩経	白川静
1656	詩歌の森へ	芳賀徹
1729	俳句的生活	長谷川櫂
1725	百人一首	高橋睦郎
1891	漢詩百首	高橋睦郎
2091	季語百話	高橋睦郎
2412	俳句と暮らす	小川軽舟
824	辞世のことば	中西進
686	死をどう生きたか	日野原重明
3	アーロン収容所（改版）	会田雄次
956	ウィーン愛憎	中島義道
1702	ユーモアのレッスン	外山滋比古
2039	孫の力―誰もしたことのない観察の記録	島泰三
2053	老いのかたち	黒井千次
2289	老いの味わい	黒井千次
2252	さすらいの仏教語	玄侑宗久

中公新書

芸術

k1

1741 美学への招待 佐々木健一
2072 日本的感性 佐々木健一
1296 美の構成学 三井秀樹
1220 書とはどういう芸術か 石川九楊
2020 書く―言葉・文字・書 石川九楊
2014 ヨーロッパの中世美術 浅野和生
1938 カラー版 フランス・ロマネスクへの旅 池田健二
1994 カラー版 イタリア・ロマネスクへの旅 池田健二
2102 カラー版 スペイン・ロマネスクへの旅 池田健二
118 フィレンツェ 高階秀爾
385 386 カラー版 近代絵画史（上下）（増補版） 高階秀爾
2052 印象派の誕生 吉川節子
1781 マグダラのマリア 岡田温司
1998 キリストの身体 岡田温司
2188 アダムとイヴ 岡田温司
2369 天使とは何か 岡田温司
2425 カラー版 ダ・ヴィンチ 絵画の謎 斎藤泰弘
2232 ミケランジェロ 木下長宏
2292 カラー版 ゴッホ〈自画像〉紀行 木下長宏
1988 日本の仏像 長岡龍作
2478 カラー版 横山大観 古田亮
1827 カラー版 絵の教室 安野光雅
1103 モーツァルト H・C・ロビンズ・ランドン 石井宏訳
1585 オペラの運命 岡田暁生
1816 西洋音楽史 岡田暁生
2009 音楽の聴き方 岡田暁生
2395 ショパン・コンクール 青柳いづみこ
1477 銀幕の東京 川本三郎
2325 テロルと映画 四方田犬彦
1854 映画館と観客の文化史 加藤幹郎
1946 フォト・リテラシー 今橋映子
2247 2248 日本写真史（上下） 鳥原学